Comentários à Lei do Procedimento Administrativo Federal

— Lei n. 9.784/99 —

Wladimir Novaes Martinez

Advogado Especialista em Direito Previdenciário.

Comentários à Lei do Procedimento Administrativo Federal

— Lei n. 9.784/99 —

EDITORA LTDA.

© Todos os direitos reservados

Rua Jaguaribe, 571
CEP 01224-001
São Paulo, SP – Brasil
Fone: (11) 2167-1101

Produção Gráfica e Editoração Eletrônica: PETER FRITZ STROTBEK
Projeto de Capa: Fabio Giglio
Impressão: Cromosete
LTr 4439.7
Junho, 2011

Visite nosso site:
www.ltr.com.br

Dados Internacionais de Catalogação na Publicação (CIP)
(Câmara Brasileira do Livro, SP, Brasil)

Martinez, Wladimir Novaes
    Comentários à lei do procedimento administrativo federal : Lei n. 9.784/99 / Wladimir Novaes Martinez. — São Paulo : LTr, 2011.

   Bibliografia.
   ISBN 978-85-361-1731-7

   1. Previdência social — Brasil 2. Processo administrativo federal 3. Processo administrativo federal — Leis e legislação — Brasil — Comentários 4. Tributos — Leis e legislação — Brasil I. Título.

11-03917   CDU-35.077.3(81)(094.56)

Índice para catálogo sistemático:

1. Brasil : Processo administrativo federal : Leis comentadas :
     Direito administrativo   35.077.3(81)(094.56)

Sumário

Introdução 9

Capítulo I — Introdução das Disposições Gerais 11

Capítulo II — Princípios Administrativos Aplicáveis 16

Capítulo III — Administrados e seus Direitos 27

Capítulo IV — Deveres dos Administrados 31

Capítulo V — Início do Processo 34

Capítulo VI — Requerimento Inicial 36

Capítulo VII — Utilização de Formulários 40

Capítulo VIII — Pluralidade de Interessados 41

Capítulo IX — Classificação dos Interessados 42

Capítulo X — Capacidade *Postulandi* 44

Capítulo XI — Irrenunciabilidade da Competência 46

Capítulo XII — Delegação de Competência 48

Capítulo XIII — Impossibilidade de Delegação 50

Capítulo XIV — Características da Delegação 52

Capítulo XV — Possibilidade de Avocatória 54

Capítulo XVI — Publicidade das Entidades 57

Capítulo XVII — Primeira Instância 58

Capítulo XVIII — Impedimentos e Suspeição 59

Capítulo XIX — Comunicação do Impedimento 61

Capítulo XX — Arguição de Suspeição 62

Capítulo XXI — Contestação da Suspeição 65

Capítulo XXII — Atos do Processo 67

Capítulo XXIII — Momento dos Atos 69

Capítulo XXIV — Prazos de Impulsionamento 70

Capítulo XXV — Local dos Atos do Processo 71

Capítulo XXVI — Comunicação dos Atos 72
Capítulo XXVII — Efeitos da Não Notificação 75
Capítulo XXVIII — Objeto da Notificação 76
Capítulo XXIX — Ação de Ofício e por Impulsão 78
Capítulo XXX — Provas Ilícitas 80
Capítulo XXXI — Consulta Pública 81
Capítulo XXXII — Audiência Pública 84
Capítulo XXXIII — Outros Meios de Consulta 87
Capítulo XXXIV — Vínculo das Consultas 88
Capítulo XXXV — Oitiva de Outros Órgãos 89
Capítulo XXXVI — Ônus da Prova 91
Capítulo XXXVII — Provas da Administração 95
Capítulo XXXVIII — Adução Interlocutória 97
Capítulo XXXIX — Necessidade da Prova 100
Capítulo XL — Não Apresentação de Dados 101
Capítulo XLI — Intimação dos Interessados 102
Capítulo XLII — Parecer de Órgão Consultivo 103
Capítulo XLIII — Laudo Técnico 105
Capítulo XLIV — Manifestação do Autor 106
Capítulo XLV — Providências Acauteladoras 107
Capítulo XLVI — Vista dos Autos, Certidões e Cópias 108
Capítulo XLVII — Relatório ao Órgão Decisor 110
Capítulo XLVIII — Dever de Decidir 111
Capítulo XLIX — Prazo para a Decisão 112
Capítulo L — Motivação Administrativa 113
Capítulo LI — Desistência e Extinção do Processo 116
Capítulo LII — Extinção do Processo 119
Capítulo LIII — Poder de Revisão da Administração 122
Capítulo LIV — Decadência dos Efeitos 127
Capítulo LV — Convalidação de Atos Sanáveis 129

Capítulo LVI — Do Recurso e da Revisão 130

Capítulo LVII — Instâncias Administrativas 135

Capítulo LVIII — Legitimidade Ativa 137

Capítulo LIX — Prazo Recursal 139

Capítulo LX — Modalidade de Interposição 141

Capítulo LXI — Efeito Suspensivo 143

Capítulo LXII — Intimação dos Interessados 146

Capítulo LXIII — Não Conhecimento do Recurso 147

Capítulo LXIV — Opções da Autoridade Julgadora 150

Capítulo LXV — Violação de Enunciado 152

Capítulo LXVI — Violação Acolhida 153

Capítulo LXVII — Instâncias Administrativas 154

Capítulo LXVIII — Contagem dos Prazos 155

Capítulo LXIX — Suspensão de Prazos 157

Capítulo LXX — Sanções Administrativas 158

Capítulo LXXI — Processos Específicos 160

Capítulo LXXII — Prioridades e Preferências 161

Capítulo LXXIII — Vigência da LPAF 163

Obras do autor 165

Introdução

O advento da Lei do Procedimento Administrativo Federal — LPAF (Lei n. 9.784/1999) foi importante para o Direito Administrativo; de certa forma ela sistematizou importantes diretrizes regentes do procedimento no ambiente oficial das repartições públicas. Com desdobramentos até mesmo junto do Poder Judiciário.

Pena que tenha sido adotada a forma de lei ordinária; melhor seria se o legislador tivesse optado por uma lei complementar, já que é essa a sua feição técnica.

Faltou também ao Congresso Nacional a disposição de delegar à Presidência da República a incumbência de regulamentar tais prescrições numa norma codificada. Com efeito, será bem-vinda a chegada de um Código de Direito Administrativo Procedimental. Os primeiros passos foram dados e eles se juntam aos da LPAF.

Trata-se de uma lei orgânica e geral, quase inteiramente constituída de postulados, preceitos e comandos de grande relevância para o andamento dos expedientes e, principalmente, para a definição dos procedimentos do cidadão em face da Administração Pública. Em parte porque se louvou na experiência histórica do processo judicial e do Direito Administrativo.

Diante da amplitude do direito procedimental, nestes "Comentários à Lei do Procedimento Administrativo Federal", quando de considerações e observações nos posicionamos próximos do Direito Previdenciário, nossa especialização e, em parte, da legislação tributária em face do papel da Receita Federal do Brasil — RFB na realização da receita da previdência social.

Assim, muitos exemplos práticos foram trazidos da seguridade social, compreendendo a previdência social (básica e complementar), a assistência social e as ações de saúde. Com toda a certeza esse três segmentos constitucionais são os maiores responsáveis pela tramitação administrativa de milhões de expedientes na Administração Pública e no Poder Judiciário.

Adicionalmente importa o exame do Estatuto do Servidor Público Civil da União (Lei n. 8.112/1990), no que diz respeito às relações entre o órgão público e os servidores federais. E de todas as leis estaduais, municipais e distrital, focadas no mesmo assunto.

O Plano de Custeio e Organização da Seguridade Social — PCSS (Lei n. 8.212/1991) e o Plano de Benefícios da Previdência Social — PBPS (Lei n 8.213/1991), que disciplinam em parte os temas procedimentais e a Lei n. 10.177/1998 do Estado de São Paulo, o Decreto n. 70.235/1972 e os atos normativos menores, hierarquicamente têm disposições procedimentais esparsas a serem colhidas em cada oportunidade. A esse respeito seria muito útil consultar a Lei n. 11.457/07.

Valendo apreciar também as disposições pertinentes do Regulamento da Previdência Social — RPS (Decreto n. 3.048/1999) e do Regulamento do Imposto de Renda — RIR (Decreto n. 3.000/1999).

Em face de sua importância específica não pudemos nos esquecer da Portaria MPS n. 323/2007, o principal instrumento vigente de composição procedimental de benefícios da previdência social.

Em patamar abaixo, os arts. 563/66 e 432/446 da IN INSS n. 45/2010 (prestações), a Portaria RFB n. 3.007/2001, Portaria RFB n. 10.875/2007, os arts. 446/488 da IN RFB n. 971/2009 (contribuições) e do Decreto n. 4.942/2003, em matéria de previdência complementar.

Algumas dificuldades interpretativas se oporão aos aplicadores da norma em face da subsidiariedade dos regulamentos específicos e o que dispõe a LPAF. Em todo o caso, esta última deve ser concebida como uma norma superior, válida para ser adotada.

Claudio Borba faz uma importante distinção entre o procedimento contencioso e o não contencioso (*Processo Administrativo Federal e do INSS*. Niterói: Impetus, 2004. p. 11), destacando que existem expedientes com e sem litigiosidade.

Neste trabalho, pela própria natureza, cuidamos especificamente da controvérsia entre o administrado e o administrador (relevando o controle interno dos atos administrativos).

Wladimir Novaes Martinez

Capítulo I
Introdução das Disposições Gerais

Lei n. 9.784, de 29 de janeiro de 1999 (DOU de 1º.2.1999)

Regula o processo administrativo no âmbito da Administração Pública Federal

O Presidente da República

Faço saber que o Congresso Nacional decreta e eu sanciono a seguinte Lei:

CAPÍTULO I — DAS DISPOSIÇÕES GERAIS

Art. 1º Esta Lei estabelece normas básicas sobre o processo administrativo no âmbito da Administração Federal direta e indireta, visando, em especial, à proteção dos direitos dos administrados e ao melhor cumprimento dos fins da Administração.

§ 1º Os preceitos desta Lei também se aplicam aos órgãos dos Poderes Legislativo e Judiciário da União, quando no desempenho de função administrativa.

§ 2º Para os fins desta Lei, consideram-se:

I – órgão — a unidade de atuação integrante da estrutura da Administração direta e da estrutura da Administração indireta;

II – entidade — a unidade de atuação dotada de personalidade jurídica;

III – autoridade — o servidor ou agente público dotado de poder de decisão.

Remissão: art. 5º, LV e XXVIII, da Carta Magna

Código de Processo Civil (CPC)

Código de Processo Penal (CPP)

arts. 643/910 da CLT

Lei n. 8.112/1990 (ESPCU)

Lei n. 8.212/1991 (PCSS)

Lei n. 8.213/1991 (PBPS)

Decreto-lei n. 200/1967

Decreto n. 70.235/1972

Decreto n. 4.942/2003

Portaria MPS n. 323/2007

arts. 279/309 do RPS

IN RFB n. 971/2009

IN SRP n. 3/05

IN INSS n. 45/2010

Diferentemente da maior parte dos ramos jurídicos, a legislação do Direito Administrativo não foi codificada. A despeito de sua enorme importância, seus comandos estão esparsos, não sistematizados e sem conhecer normas de superdireito. A despeito da infinidade de procedimentos internos encaminhados na Administração Pública da República. Esse cenário dificulta enormemente a aplicação dos seus principais postulados.

Hely Lopes Meirelles põe-se francamente favorável à codificação (*Direito Administrativo Brasileiro*. 14. ed. São Paulo: Revista dos Tribunais, 1988. p. 31-32).

Em cada segmento administrativo é possível encontrar preceitos orgânicos singulares sobre matéria exacional ou benefícios securitários. A IN RFB n. 971/2009 cuida de dispositivos procedimentais referentes ao financiamento da seguridade social, a Portaria MPS n. 323/2007 trata dos expedientes em matéria de prestações básicas e o Decreto n. 4.942/2003 enfoca as infrações administrativas em matéria de previdência fechada.

Não há um Código de Direito Administrativo Procedimental que regulamente as relações entre a administração, os seus servidores e os administrados.

A Lei n. 9.784/1999 não é formalmente um código procedimental; ela estabelece regras mínimas sobre o processo administrativo, julgando que existam outras disposições esparsas em diferentes legislações.

Normas básicas

Quando o *caput* fala em normas básicas quer dizer comandos mínimos porque coexistem com outras conceituações esparsas ou supervenientes.

Diante do seu conteúdo é perceptível sua natureza de lei complementar da Carta Magna, embora formalmente não o seja.

Conceito de processo administrativo

Os expedientes que encaminham as soluções administrativas e judiciais podem ser designados como processo, materialmente um encadernado de folhas capeadas que observam as regras ditas processuais.

Não há qualquer objeção a que o contido nos autos judiciais seja chamado de processo, mas subsiste certa resistência entre os autores referente à designação dos mesmos autos, quando eles se desenvolvem na Administração Pública, podendo ser chamados de procedimentos.

Rigorosamente a Administração e o Judiciário processam (juntam documentos enfeixando-os num caderno), acolhem pedidos, prestam informações, adotam providências, sentenciam, e a questão seria meramente vernacular.

Alcance espacial

Por Administração direta se entendem os órgãos públicos, como a Presidência da República e os Ministérios. No caso dos estados e municípios, os governadores e os secretários.

Fazem parte da administração indireta, as autarquias, as fundações de direito público, as empresas públicas e as sociedades de economia mista (Decreto-lei n. 200/1967).

Objetivo da lei

O *caput* do art. 1º diz claramente que o seu objetivo é estabelecer as normas básicas do procedimento administrativo, a que chama de processo. Se o art. 2º, parágrafo único, não for cumprido, isto é, se não ocorrer a "divulgação oficial dos atos administrativos" (inciso V) eles não têm validade jurídica.

Sem prejuízo de ser invocado, pela administração municipal, distrital ou estadual, o âmbito de sua competência é também bastante amplo: a Administração Pública federal direta e indireta. Com certeza os municípios e até mesmo os estados da federação poderão observá-la, via remissão, ou até mesmo reproduzi-la.

Seu alcance é o máximo possível, mas o principal escopo é a proteção dos direitos dos administrados. Deve-se considerar secundariamente, em particular, os direitos da própria administração, conclusão que deflui do *in fine* ("melhor cumprimento dos fins da Administração").

Que não paire qualquer dúvida: as suas normas expressas são vinculadas, a elas se obrigam os administradores, como vinham fazendo e até como um novo dever.

Natureza da norma

A lei é geral, ainda que não inteiramente orgânica e como tal deve ser sopesada. Uma norma comum expressa tem o poder de revogá-la, como sucedeu com as Leis ns. 11.417/2006, 11.457/2007, 11.941/2009 e 12.008/2009.

Embora não tivesse determinado especificamente como era usual no Brasil, ela revogou normas legais que dispunham ao contrário.

Presunção da necessidade da proteção

A clara menção à proteção dos direitos dos administrados chama a atenção do intérprete na medida em que o legislador tem a norma como frágil. Trata-se de uma presunção legal que deve ser levada em conta quando da sua aplicação.

Proteção da administração

Traindo um pouco a preocupação com eventuais desmandos burocráticos de toda a administração, o *caput* fala em proteção dos administrados, que é uma necessidade imprescindível, mas não se pode esquecer que essa administração também deve se escorar em alguns postulados.

Finalidade da Administração Pública

O principal objetivo dos órgãos públicos é, por intermédio do servidor, servir o administrado, ou seja, atender a população, propiciar condições para que o cidadão possa exercer todos os seus direitos.

Quer dizer, as repartições públicas existem em função de terceira pessoa, que são os titulares de direitos. Não funcionam por si mesmas, ainda que elas compreendam atividade-meio e atividade-fim como qualquer outra organização.

O governo não visa renda, qualquer lucro ou auferir superávit, *ipso facto* por definição ela não empobrece nem enriquece.

Custeada por impostos, quando ele cobra alguma taxa, pedágio, contribuição de melhoria ou emolumento, é porque está atendendo um indivíduo em particular, aquele cidadão que pessoalmente solicitou os seus serviços.

No Estado moderno a governança é responsável por muitíssimas atividades organizadas em favor dos administrados, em muitos municípios brasileiros, a Prefeitura Municipal é a maior empresa e o maior empregador.

Remissões válidas

Se ainda não dispôs especialmente, a Administração Pública estadual, distrital e municipal pode se subsidiar na Lei n. 9.784/1999, como se ela fora uma norma de superdireito.

Onde não se aplica

A Lei n. 9.784/1999 não é obrigatória nas relações de direito privado, entre pessoas físicas e jurídicas da iniciativa privada, embora possa ser subsidiariamente invocada em relação a pontos sem convenção entre as partes.

Diferentemente do que sucede na previdência complementar regulada na LC n. 109/2001 (dos trabalhadores da iniciativa privada), excepcionalmente, as relações entre os servidores federais e os fundos de pensão aludidos no art. 40, §§ 14/16, da Carta Magna, são regidas por estas normas porque a EFPC é de direito público.

Obrigatoriedade normativa

A Lei n. 9.784/1999 é obrigatória para o administrador federal (e inspiração para os gestores não federais) e invocável a qualquer momento pelos administrados, a quem é dirigida.

Nesse sentido é preciso distinguir dois momentos da aplicação: a) regras válidas quando da formulação do pedido e b) regras aplicáveis ao desenvolvimento do pedido, incluindo recursos administrativos.

Finalidade da administração

O papel da Administração Pública, nos estritos termos da lei e sob a invocação do interesse público, é atender os cidadãos. O seu interesse é sempre o da coletividade, individualmente considerada.

Competência especial da lei

O § 1º deixa claro que ela se aplica aos poderes legislativos e judiciários federais, ou seja, quando o Congresso Nacional e os juízes e tribunais do Poder Judiciário federal estejam operando administrativamente.

Função administrativa judicial

O *caput* fala em "desempenho de função administrativa". É preciso distinguir o ato de jurisdição, que se submete aos Códigos Comercial (conceitos empresariais), Tributário Nacional (exações), Civil (normas gerais), Penal (crimes previdenciários), de Processo Civil, de Processo Penal e os atos administrativos praticados pelos magistrados e tribunais. Usualmente, na maioria dos casos, são os que dizem respeito às relações entre os servidores e os órgãos públicos.

Função administrativa legislativa

No que diz respeito ao Poder Legislativo são também os atos pertinentes às relações entre os servidores e o Senado Federal e a Câmara dos Deputados.

O § 2º presta esclarecimentos, definindo três entidades: órgão, entidade e autoridade.

Órgão é uma divisão da entidade, uma unidade que faz parte da administração (inciso I). Para Hely Lopes Meirelles (ob. cit., p. 58) é um centro de competência instituído para o desempenho de funções estatais, por meio de seus agentes, cuja atuação é imputada à pessoa jurídica a que pertencem. Ele é classificado como independente, autônomo, superior, subalterno, simples, composto, singular e colegiado.

Entidade é uma unidade da administração, aquela que tenha personalidade jurídica (inciso II). O INSS, na condição de autarquia, é uma entidade que relaciona vários órgãos como o CRPS, CARF, CNPS, CNSP, PREVIC, SUSEP, CNPC, CRPC, SPPS, SPPC, etc.

Por último, encerrando o art. 1º, é dito que a autoridade, portanto o sujeito passivo de ações, é um servidor ou agente público (inciso III).

Servidor, *in casu* federal, é o titular de cargo efetivo que tomou posse nos termos da Lei n. 8.112/1990. Agente público é uma pessoa nomeada para cargo em comissão ou de confiança.

Hely Lopes Meirelles distingue agente público do agente político. O primeiro seria um gênero que compreende o agente político, administrativo honorífico e delegado.

Capítulo II
Princípios Administrativos Aplicáveis

Art. 2º A Administração Pública obedecerá, dentre outros, aos princípios da legalidade, finalidade, motivação, razoabilidade, proporcionalidade, moralidade, ampla defesa, contraditório, segurança jurídica, interesse público e eficiência.

Parágrafo único. Nos processos administrativos serão observados, entre outros, os critérios de:

I – atuação conforme a lei e o Direito;

II – atendimento a fins de interesse geral, vedada a renúncia total ou parcial de poderes ou competências, salvo autorização em lei;

III – objetividade no atendimento do interesse público, vedada a promoção pessoal de agentes ou autoridades;

IV – atuação segundo padrões éticos de probidade, decoro e boa-fé;

V – divulgação oficial dos atos administrativos, ressalvadas as hipóteses de sigilo previstas na Constituição;

VI – adequação entre meios e fins, vedada a imposição de obrigações, restrições e sanções em medida superior àquelas estritamente necessárias ao atendimento do interesse público.

VII – indicação dos pressupostos de fato e de direito que determinarem a decisão;

VIII – observância das formalidades essenciais à garantia dos direitos dos administrados;

IX – adoção de formas simples, suficientes para propiciar adequado grau de certeza, segurança e respeito aos direitos dos administrados;

X – garantia dos direitos à comunicação, à apresentação de alegações finais, à produção de provas e à interposição de recursos, nos processos de que possam resultar sanções e nas situações de litígio;

XI – proibição de cobrança de despesas processuais, ressalvadas as previstas em lei;

XII – impulsão, de ofício, do processo administrativo, sem prejuízo da atuação dos interessados;

XIII – interpretação da norma administrativa da forma que melhor garanta o atendimento do fim público a que se dirige, vedada aplicação retroativa de nova interpretação.

Remissão: art. 5º, XXIII/XXIV e LV, da Carta Magna
    art. 126 do PBPS
    arts. 108/109 do CTN

A lista continuada dos princípios administrativos invocados assusta por não serem estanques e se intercomunicarem, sendo possível que se entrechoquem e não possam ser absolutamente observados.

Aparentemente, alguns dos incisos do art. 2º reeditam e esmiúçam os princípios relacionados no *caput*.

O *caput* arrola nada menos que 11 princípios e, a despeito do seu inciso V ("divulgação oficial dos atos administrativos, ressalvadas as hipóteses de sigilo previstas na Constituição"), em que configura a publicidade, praticamente eles esgotam os principais princípios administrativos.

A regra é impositiva, não deixa margem a dúvida: o princípio tem de ser observado, caso contrário, o ato jurídico não é válido. Mas claro está que princípios não são prescrições legais; pela própria razão de sua essência são um tanto elevados, difusos e sintéticos, o que torna onerosa para o cidadão a atividade de saber se foram observados. Sem embargo, uma vez que são avultados, mencionados e alardeados nas leis maiores é porque nem sempre foram cumpridos.

O vocábulo princípio provém do latim *principium*. Quer dizer início, origem, começo.

Para alguns doutrinadores é regra, preceito, lei, principalmente fundamento de algum ordenamento, ciência ou disciplina. Para outros, é norma imprescindível, requisito primordial, corresponderia à ideia de base mais funda.

Juridicamente, o princípio é supedâneo, comando elementar — elementar comparecendo no sentido de profundidade e não de superficialidade — requisito primordial de Direito, um fundado alicerce. Sinônimo de postulado e prescrição, no comum dos casos praticamente é indemonstrável.

Para os dicionaristas os princípios são conceitos fundamentais ou básicos, norteadores da implantação e da aplicação do Direito Administrativo, auxiliares na sua feitura, integração e interpretação. Eles representam a consciência jurídica do Direito. Podem ser concebidos pela mente do cientista social ou provir da norma jurídica.

É bom lembrar que a EC n. 20/1998, editada antes da LPAF, já contemplava o princípio do equilíbrio atuarial e financeiro e da solidariedade social dos planos de benefícios, dois postulados técnicos que não podem ser esquecidos.

Criados artificialmente, não devem descurar de sua parte, razões elevadas, diretrizes ainda mais altas, os valores eternos da civilização, entre os quais avultam os postulados fundamentais da liberdade, o primado dos direitos humanos, o dogma da responsabilidade social e os preceitos da igualdade, equidade e legalidade.

Um ordenamento jurídico prefeito dispensa os princípios. O ordenamento ideal é o construído somente deles. Destruído todo o acervo jurídico de uma civilização, desaparecidos todos os livros doutrinários, as leis e os processos numa hecatombe universal, se os princípios forem preservados, será sempre possível reconstruir todo o edifício do Direito, até que, um dia, os mesmos princípios sejam dispensados como fontes formais diretas (*Princípios de direito previdenciário*. 5. ed. São Paulo: LTr, 2011).

Princípio da legalidade

Quando estabelecem relações administrativas, o administrador e o administrado devem obediência à lei. A Administração Pública somente pode agir conforme a lei vigente ao tempo dos fatos, nunca contra o seu espírito, algum princípio nela contido ou arrostar o seu texto vigente.

Um dos postulados do nosso ordenamento assevera que se a lei não veda o procedimento, tal conduta é permitida; uma autorização pode ser presumida, mas a proibição reclama disposição explícita.

Obviamente, estes dois semicírculos não podem conter restrições, objeções ou vedações conflitantes nem enfrentar outros princípios. Demonstrado que a atuação do particular contraria o interesse público, não é razoável nem proporcional, que é imoral, ainda que não haja vedação dessa atuação, ela deve ser examinada à exaustão para se ter como válida.

Dá-se exemplo com a desaposentação: como não ofende a solidariedade social e o equilíbrio atuarial e financeiro do regime financeiro, tem sentido moral e não contraria o interesse público na medida em que não prejudica as pessoas; ainda que não prevista na lei, deve ser facultada.

Indeferir um direito previsto na lei como existente é negar a ordem jurídica, daí a preservação dos direitos dos criminosos mais hediondos quando condenados (*Direito fundamental dos presos*. São Paulo: LTr, 2009).

Num país em que cerca de 2/3 dos aposentados e pensionistas recebe R$ 545,00, se alguém foi filiado obrigatoriamente a seis regimes de previdência social (*v. g.*, RGPS, três RPPS, regime dos parlamentares e dos militares) e regular, legal e legitimamente forem preenchidos os requisitos legais, fará jus a seis aposentadorias! Quem tem de apreciar alguma impropriedade técnica, como essa, é o legislador e não o aplicador dessas seis normas.

A legalidade foi postada como o primeiro princípio de Direito Administrativo porque é aquela que mais reclama sabedoria, conhecimento jurídico e domínio da técnica. Saber o que é legal em cada caso é uma atividade de inteligência e de vontade do aplicador da norma; geralmente o que os processos administrativos mais discutem é saber se há legalidade.

Princípio da finalidade

Qualquer decisão deve ter um fim, um objetivo próprio e perseguido e isso vale até mesmo nas simples declarações. Se o requerente não especifica a finalidade da sua solicitação, ela deve ser indeferida de plano. Igual dever submete a Administração Pública, que tem de justificar a razão de sua decisão contenciosa ou não.

Equivoca-se o INSS quando rejeita a justificação administrativa de um segurado ainda sem ter decantados os pressupostos legais de um benefício, obrigando-o a fazer a demonstração apenas quando da solicitação da prestação. O titular do direito pode estar interessado em fazer uma prova hodierna sabendo que não poderá dispor do depoimento testemunhal quando do requerimento do benefício.

Se alguém quer se desaposentar e não vai aposentar-se novamente, no RGPS ou num RPPS, *in casu* precisa justificar que quer a abdicação do benefício para se sentir um não aposentado.

Princípio da motivação

O motivo da ação administrativa é relevante; em todos os casos ela carece justificar o que a move quando tomou aquela decisão. Se um médico de um hospital público vai fazer uma transfusão de sangue de um paciente que pertence a uma religião que a veda, ele tem de justificar com o perigo de morte a que está sujeito esse paciente.

Quando o INSS cobra a restituição de mensalidades indevidamente pagas a um percipiente de benefícios, em face do que dispõe o art. 101-A da Carta Magna, ele terá de ponderar que, a despeito da natureza alimentar desse valor, tem de fazê-lo em virtude de o regime financeiro ser de benefício definido e a solidariedade ser constitucionalmente reclamada.

Princípio da razoabilidade

A razoabilidade é um princípio de difícil aplicação; na maioria dos casos a sua avaliação é subjetiva. O que é razoável para uns não é para outros e nesse caso o que se tem é a necessidade de apurar o que pensa o senso comum.

É bastante razoável supor que alguém que teve alta médica num benefício por incapacidade, ficou sem trabalhar e faleceu da mesma doença logo depois, que desde a DCB até a DO esteve incapaz para o trabalho.

É plausível que alguém operando nas proximidades de uma fonte sonora insalubre tenha perdido a audição no ambiente de trabalho, mas não é aceitável concluir que esse trabalhador usou o protetor auricular em condições ideais e que teve os índices de ruídos reduzidos abaixo dos limites de tolerância, que o mesmo efeito se deu.

Não é razoável uma repartição pública demorar-se para deferir ou indeferir uma prestação (conclusão que vale para o processo judiciário) sem falar que ofende o art. 5º, LXXVII, da Carta Magna.

Princípio da proporcionalidade

O princípio da proporcionalidade foi introduzido no Direito e goza de grande significado para poder resolver problemas de interpretação. Algumas leis prescrevem direitos e obrigações nitidamente desproporcionais.

O estudo dos percentuais da aposentadoria proporcional por tempo de serviço é polêmico e subsistem várias teorias, algumas das quais bastante válidas. No caso da aposentadoria por invalidez proporcional do servidor não é proporcional dar um salário mínimo a quem tem um ano de serviço público.

Princípio da moralidade

A decisão da Administração Pública não pode ser imoral e não atentará contra os bons costumes, a ética e a boa-fé.

Sem embargo da eventual punição para quem agiu ilicitamente, no campo do Direito Penal, é moral a obtenção de uma prova válida obtida ilicitamente.

Princípio da ampla defesa

Todos os meios de prova são admitidos perante o poder público, em todo momento, uma vez que o processo administrativo busca a verdade dos fatos. Não há limites para a persuasão quando presente o respeito ao ser humano e às instituições.

A lei deve explicitar os momentos da produção do convencimento para evitar o tumulto administrativo do processo de conhecimento.

O depoimento exclusivamente testemunhal tem de ser debatido periodicamente e em face de cada ramo jurídico, sob pena de constranger o direito de defesa.

Princípio do contraditório

A contradição de opiniões, a prova e a contraprova, as razões e as contrarrazões, a acareação, o confronto de laudos técnicos, a juntada de parecer oposto à opinião oficial do gestor público, todas as formas de contradição de interesse são válidas.

Diante de uma presunção absoluta, em primeiro lugar cabe ao oponente tentar de modo geral desfazer essa presunção para, depois, se vitorioso nesse difícil afã, beneficiar-se da possibilidade da oposição.

Princípio da segurança jurídica

Às vezes, a segurança jurídica é ofendida e ela sempre deve ser preservada sob pena de perecimento do Direito. Quando da hesitação, do titubeamento e da indefinição tem-se o tumulto administrativo que põe em risco a ordem jurídica.

Em face da enorme multiplicidade de órgãos do poder público e a despeito de todas as tentativas de uniformização dos procedimentos, não é justo ignorar o princípio da segurança jurídica depois que a informática e a internet tornaram possível maior conhecimento.

Interesse público

Em virtude de estar acima dos três portentosos postulados do art. 5º, XXXVI, da Carta Magna e apenas abaixo da capacidade material de cumprimento da obrigação, o interesse público deveria ser o primeiro princípio a ser citado no art. 2º da Lei n. 9.784/1999, antes mesmo da legalidade, sendo certo que ele, e isso não pode ser esquecido, é a soma dos interesses individuais.

Comprovada a regularidade e a legalidade de aposentadorias de grande valor justifica-se a verificação da suas legitimidades.

Princípio da eficiência

As decisões das repartições públicas têm de ser eficazes, ou seja, elas carecem deter eficiência, produzirem resultados materiais e formais.

Sem embargo da clareza e objetividade, as decisões não podem ser fluídas, inconsistentes ou nebulosas.

As cartas de comunicação do INSS costumam ser excessivamente singelas, às vezes dizendo apenas que o pedido foi indeferido.

De nada serve a decisão se ela não tem o poder de assegurar a realização de uma pretensão jurídica do cidadão.

Mesmo no caso das consultas, as respostas devem ser pertinentes à matéria indagada, com redação efetiva, não genérica e tornarem possível a explicitação da informação e a possibilidade de atendimento de um pedido. Por isso, preferivelmente, elas devem ser fundadas.

Depois de enunciados os 11 princípios nos 13 incisos o art. 2º arrola critérios a serem seguidos. São praticamente mais novos 13 princípios, às vezes reeditando alguns daqueles contemplados no *caput* e formulando um decálogo de obrigações do administrador.

O legislador esqueceu-se do poder de revisão da administração e da sua obrigação de fazê-lo quando relaciona os critérios. Nesse momento também não falou da necessária publicidade.

O rol das 13 regras do parágrafo único inicia-se com o postulado da legalidade colocado em prática (inciso I).

A Administração Pública deve estritamente observar a lei: em primeiro lugar, se puder aplicá-la sem mais considerações e, quando for o caso, se necessário for, interpretá-la ou integrá-la.

Essa é a dificuldade principal e a questão mais relevante, geralmente gerando dúvidas entre o administrado e o administrador. Presente um litígio trazido à repartição, com certeza subsiste uma presunção de não concordância nas posições.

Tais discordâncias podem provir de inúmeras causas e as principais são: a) divergências globais e pontuais de entendimentos; b) avaliações subjetivas das provas produzidas; c) falhas administrativas decorrentes da estrutura organizacional; d) despreparo do prestador de serviços para a função; e) obediência estrita à determinação superior; f) incompreensão do fenômeno a ser examinado; g) pretensão indevida do interessado; h) litigância de má-fé; i) utilização indevida da administração etc.

Ao final do procedimento, se o interessado teve um ganho de causa é porque um desses motivos causou o conflito. As situações enfrentadas pelo cidadão em face do Estado são quase infinitas, variam no tempo e, no mais comum dos casos, deságuam no Poder Judiciário.

Quando a repartição pública agir conforme a lei provavelmente não dirimirá o dissídio, mas necessariamente não elidirá esse desencontro; a parte peticionária pode ter outra interpretação da mesma norma jurídica.

Não é difícil pedir para proceder segundo a lei, mas a realização desse propósito é complexo, oneroso e às vezes impossível. Quando o INSS não quis aceitar a aplicação do IRSM nos períodos de março 1994 e fevereiro de 1997 ele entendia estar agindo segundo a lei e pode ser que estivesse, isso jamais será resolvido no mundo real, mas diante da manifestação do Poder Judiciário, para os fins jurídicos ele não tinha razão. E pagou por isso.

Operar segundo o Direito é mais do que conformar-se com a lei, porque o Direito não é constituído apenas da legislação. É preciso considerar ainda também as fontes formais não positivadas, como o pensamento de alguma ponderada doutrina, a jurisprudência iterativa, a sumulação da matéria e, como pano de fundo, os princípios. Por vezes, um tratado internacional.

A disposição final do inciso I é atualmente contraditada pelas várias instituições administrativas, como o posicionamento da AGU e a própria lei.

A postura das autoridades superiores baixando seguidamente instruções conflitantes com a lei, por intermédio de decretos, portarias e ordens de serviço, obsta a consecução deste magnífico objetivo.

Assim que o INSS passou a exigir laudos técnicos anteriormente a 29.4.1995, contrariando o princípio da irretroatividade das normas, a autarquia ofendeu esse preceito e os interessados tiverem de se socorrer da Ação Civil Pública n. 2000.00.71.004035-2, para que tal entendimento desaparecesse do mundo jurídico. Como acabou acontecendo.

Embora o interesse público esteja postado apenas no penúltimo princípio do *caput*, o que é um tanto estranho, o inciso II fala num interesse geral, expressão bastante difusa, provavelmente querendo dizer o interesse público (antes examinado).

Como já salientado, em cada caso é preciso situar o que seria esse interesse coletivo e para isso será necessário estudar os fundamentos técnicos da previdência social. Coloque-se um tema para discussão, em face do art. 101-A da Carta Magna: o da natureza alimentar das prestações previdenciárias. O interesse geral ou público, estampado na Carta Magna, quer que o RGPS se mantenha equilibrado e que seja solidário. Sendo assim, não exigir a devolução de valores indevidos de uma pessoa (concepção individual) conflita com o interesse dos demais segurados. Para que o sistema se mantenha equilibrado será preciso reclamar dos outros.

O que tem de imperativo no preceito é a vedação da renúncia parcial ou total de poderes ou competências. Quer dizer, a Administração Pública pode abdicar dos seus direitos, prerrogativas ou pretensões que estejam subordinados ao interesse geral dos administrados.

Não recorrer de uma decisão de órgão de controle dos atos da administração somente é possível quando autorizado em lei, como vem determinando a AGU em várias hipóteses.

Além da menção na lista do *caput*, o inciso III volta a falar em interesse público, reclamando objetividade na sua prevalência. Isso somente será possível se, em cada caso, alguém autorizado para isso, *a priori*, defina o que é esse interesse público.

O dispositivo mistura recomendações às repartições públicas em relação aos administrados com prescrições relativas ao comportamento pessoal dos agentes públicos, sustentando que o expediente administrativo não deve se prestar a promoção pessoal dos agentes públicos.

Isto parece ficar como uma carta de intenções, porque a autoridade gozará de popularidade ou descrédito conforme dê publicidade às vantagens ou desvantagens. Por não ter ousadia de explicar os fundamentos básicos da previdência social, cada vez que um técnico tenta explicar o fator previdenciário é vaiado; mas é aplaudido se se posicionar contra ele. Quer dizer, aquilo que é considerado boa notícia elege parlamentares e a má notícia politicamente os derruba.

O inciso IV diz respeito à moralidade referida no *caput* do art. 2º. Os servidores têm de ser probos, observarem o decoro e a boa-fé. Não podem proceder contrariamente a esses preceitos já que assim estariam desrespeitando os direitos dos administrados.

Probidade pessoal

O administrador no exercício de suas funções tem de ser um profissional sério, honesto e consequente. Não pode desviar recursos ou beneficiar-se do cargo.

Decoro pessoal

Ele não pode agir contrariamente à ordem jurídica, com desrespeito ao cargo e sua representação. Jamais pode chamar os aposentados de vagabundos nem as empresas de sonegadoras, se não puder provar isso.

Boa-fé

Quem manipula os instrumentos administrativos carece de basear-se na boa-fé, não pode presumir o que não estiver demonstrado. O MPS terá de estudar profundamente a situação dos aposentados idosos que estão se casando com mulheres muito mais jovens, para poder concluir se a lei deverá restringir o gozo da pensão por morte.

Desde 1988 a transparência da condição de uma exigência legal, foi elevada ao nível de um princípio constitucional. É absolutamente imprescindível que o cidadão tenha amplo conhecimento do expediente que tramita na repartição pública e que lhe diga respeito.

Para alguns casos, quando comprovado o seu interesse legal e respeitada a privacidade de terceiros, até mesmo o contido em outros autos de processos.

Em todo momento importa saber em que fase está o expediente, em qual repartição o processo se encontra, se faz parte de uma requisição de diligência ou inspeção *in loco*.

Em cada caso, evidentemente, terá de ser observado o disposto no art. 5º, LX, da Carta Magna: "a lei só poderá restringir a publicidade dos atos processuais quando a defesa da intimidade ou o interesse social o exigirem".

O inciso VI é claro ao impedir exigências impossíveis de serem realizadas pelo interessado na prestação do serviço público.

A multa de até R$ 1.000.000,00 do art. 102 do Decreto n. 4.942/2003 contraria visivelmente esta disposição. As multas do PCSS relativas às faltas de GFIP também estão exageradas e, aliás, ofendem o princípio da proporcionalidade.

Crê-se que o inciso VII tenha se equivocado na dicção, falando em "pressupostos de fato e de direito" como determinantes das decisões. Diante do silêncio relativo à motivação, à fundamentação e da capitulação que importa basear a decisão, julga-se que se quis dizer a obrigação que nasce do fato e do direito.

Quando o inciso VIII fala em formalidade, está querendo dizer que ela não deve suplantar a essencialidade da questão, mas que deve ser atendida exatamente para que essa essencialidade seja respeitada.

Tal determinação significa que o texto da decisão deve conter todas as informações necessárias para a definição da pretensão, dos fundamentos legais, e da resolução.

Simplicidade vernacular

A decisão administrativa deve ser vazada em linguagem singela, ao alcance de todos. Deve evitar expressões estrangeiras não muito conhecidas, em particular o latim. Ninguém pode usar o "defeso" sem correr o risco de não ser entendido.

Certeza da decisão

Não tem sentido uma redação obscura, nebulosa, hesitante, que não seja capaz de propiciar convicção aos interessados. Ela deve ser claríssima e não pressupor que será lida apenas por advogados.

Compreensão do conteúdo

Tanto quanto as respostas às consultas e as sentenças judiciais, as decisões administrativas devem ser redigidas de modo a serem compreendidas pelo comum dos cidadãos.

Segurança jurídica

A segurança jurídica é um lema que comparece abaixo do interesse público, dada a importância desses dois postulados fundamentais.

Respeito e urbanidade

Ainda uma vez ressalta-se a necessidade da forma respeitosa, tratamento protocolar, sem mesuras mas com a finura que o administrado merece.

Nos casos de sanções ou de litígios, o inciso IX fixa regras particulares respeitantes à devida comunicação, alegações finais, possibilidade de produção de provas e interposição de recursos.

Ampla comunicação

Diante do princípio constitucional da ampla defesa e do contraditório, a comunicação das diferentes decisões é absolutamente indispensável ao devido processo legal administrativo.

Alegações finais

Além das demonstrações iniciais, oferecidas quando do protocolo do pedido, são permitidas alegações finais.

Produção de provas

O direito de tentar convencer a Administração Pública do seu direito por intermédio da apresentação de provas, quando exigidas, é o caso mais comum da instrução de um pedido.

Interposição de recurso

A despeito do princípio do conhecimento da lei, todas as decisões que implicarem no direito de contestação devem dispor expressamente sobre essa possibilidade, indicando claramente o prazo, o destinatário da inconformidade, o endereço para protocolo etc.

Conforme o inciso XI veda-se a cobrança de custas administrativas. Entende-se que recolhendo os diferentes tributos, o cidadão custeia as despesas administrativas e não deve arcar com um novo ônus.

A regra, a ser observada, não é absoluta nem deveria ser porque pequenos segmentos da sociedade utilizam mais serviços que outros. Se órgão público deles não cobra um valor a título de pedágio com certeza estará onerando os demais contribuintes.

Uma das características notáveis do Direito Procedimental Administrativo é que um dos polos da relação é quem impulsiona o andamento do expediente que torna possível a solução dos problemas.

O inciso XIII estabelece uma regra de interpretação oficial: a de que a Administração Pública deve garantir o fim público da norma. Nota-se, todo o tempo, que a Lei n. 9.784/1999 prefere o interesse público em detrimento do interesse privado, uma pequena distonia não muito clara na doutrina. O fim público não quer dizer exatamente interesse público. As leis deveriam apenas decantar direitos individuais que expressam um fim público, mas isso nem sempre acontece.

Essa exegese é o sentido teleológico da norma. Obrigando o administrador, por exemplo, a saber a distinção entre previdência e assistência (distinção nem sempre apreendida pelos magistrados, mas têm outras esferas de poder e às vezes a ignoram).

Por outro lado, não quer que a interpretação produza efeitos retroativos que prejudiquem o titular do direito.

A lista das 13 regras do parágrafo único inicia-se com o postulado da legalidade colocado em prática (inciso I). O governante deve observar a lei: em primeiro lugar aplicá-la e, para isso, se necessário for, interpretá-la e integrá-la. Essa é a principal dificuldade e a questão mais relevante, geralmente provocando um conflito de opiniões entre o administrado e o administrador, quando de um litígio administrativo subsiste a presunção de não concordância nas posições.

Tais litígios podem emergir de variadas causas: a) divergências globais e pontuais de entendimentos; b) avaliação subjetiva das provas; c) falhas administrativas decorrentes da estrutura; d) despreparo do servidor para a função; e) obediência a norma superior; f) incompreensão do fenômeno a ser examinado; g) pretensão indevida do interessado etc.

Ao final do procedimento, se o interessado teve um ganho de causa é porque um desses motivos é o causador do conflito.

Caso a Administração Pública aja conforme a lei, provavelmente não fará evidenciar conflitos, mas necessariamente não elide esses conflitos, porque a parte peticionária pode ter outra interpretação da norma jurídica.

Capítulo III
Administrados e Seus Direitos

CAPÍTULO II — DIREITOS DOS ADMINISTRADOS

Art. 3º O administrado tem os seguintes direitos perante a Administração, sem prejuízo de outros que lhe sejam assegurados:

I – ser tratado com respeito pelas autoridades e servidores, que deverão facilitar o exercício de seus direitos e o cumprimento de suas obrigações;

II – ter ciência da tramitação dos processos administrativos em que tenha a condição de interessado, ter vista dos autos, obter cópias de documentos neles contidos e conhecer as decisões proferidas;

III – formular alegações e apresentar documentos antes da decisão, os quais serão objeto de consideração pelo órgão competente;

IV – fazer-se assistir, facultativamente, por advogado, salvo quando obrigatória a representação, por força de lei.

Remissão: art. 5º, LV, da Carta Magna
Lei n. 8.906/1994 (OAB)
Entendimento n. 1 da ODS INSS n. 299/1973

O *caput* afirma uma obviedade necessária: os administrados têm direitos. Aliás, eles preexistem à declaração de qualquer autoridade. O que esta pode fazer é presenciá-los, externando a sua posição jurídica. É claro, fala-se agora das pretensões cifradas às relações que envolvem as pessoas e as repartições públicas sem qualquer identificação com os direitos propriamente ditos do indivíduo.

Tal regra não se esgota com os quatro incisos. Em alguns momentos da história da humanidade, quando da construção do Estado, o indivíduo cedeu parte do seu poder pessoal ao governante ao mesmo tempo em que se obrigou a vários deveres institucionais e assumiu o crédito subjetivo às pretensões a que faz jus. Desse contrato social nascem as potencialidades que estão nas mãos da Administração Pública.

Urbanidade do administrador

A simples menção do inciso I ao dever de urbanidade dos servidores pressupõe que isso necessariamente não venha sucedendo em alguns casos ou que possa não suceder. Realmente, os administrados serão atendidos com mínima educação, bastante respeito, toda consideração e no caso de algumas pessoas (deficientes, doentes, idosos, grávidas etc.) com preferência de variada ordem.

Essa presteza, finura e atenção exigidas são exatamente aquelas que o servidor gostaria de receber quando, por sua vez, ele tivesse de ir a uma repartição pública e então se revestisse da condição de administrado.

Urbanidade do administrado

Em termos de educação, tudo aquilo que o administrado pode exigir do servidor ele tem de propiciar ao administrador. Os mesmos ônus da civilidade, atenção e cortesia, são primícias reclamadas dos administrados quando do contato com a repartição pública.

Os dois polos são partes e têm os mesmos direitos em termos de relações pessoais; o administrado deve seguir as recomendações que lhe forem impostas em virtude da organização, necessidade da segurança e observância das prerrogativas, preferências e distinções. Por isso deve ser o primeiro a ceder espaço para quem legalmente faça jus a alguma deferência.

Obrigação das autoridades

O dispositivo distingue os servidores e as autoridades, querendo dizer que os titulares de cargo de chefia estão sujeitos às mesmas regras, possivelmente enfatizadas uma vez que invocado é porque o interessado não logrou ser bem atendido por um subalterno; ele espera que isso não aconteça em relação ao seu superior.

Quanto mais alta a autoridade na hierarquia do serviço público maiores são os seus deveres para com o cidadão; a assunção do seu cargo é uma presunção de domínio dos direitos conferidos à cidadania das pessoas.

Prestadores de serviços

A palavra "servidores" foi utilizada no sentido de trabalhador público, ou seja, agentes públicos, estatutários, celetistas, comissionados e terceiros contratados pela repartição. Todos aqueles que se revestem do *munus* público assumem um dever específico, o mesmo do trato das atividades particulares, mas a ser enfatizado quando das relações entre administrador e administrado.

Exercício do direito

Quando o inciso I fala em facilitação, quer dizer a presteza no atendimento e não do direito. Vale dizer, presente regular, legal e legitimamente uma pretensão, ela deve poder ser exercitada em sua plenitude e não pode ser obstaculizada por ninguém.

Se o atendente tem conhecimento de que um prazo está para ser vencido, uma providência precisa ser tomada, a definição de um direito está carecendo de uma medida, ele deve prestar as informações ao titular desse pretendente.

Na Previdência Social subsiste a obrigação de conceder auxílio-doença para quem está impedido de requerê-lo e ultimamente ela vem comunicando os que completaram o direito à aposentadoria por idade que o benefício está à sua disposição. Diante de duas prestações, o segurado tem de ser orientado sobre qual delas será a melhor para ele.

Cumprimento das obrigações

Quando da presença de uma exigência indispensável ao aperfeiçoamento do direito, o servidor deve empenhar-se para que ela seja possível. Além de não poder solicitar o que está acima das forças do titular, deve cooperar para que o desiderato seja atendido o mais rapidamente possível.

Assim que os organismos estatais que cuidam dos beneficiados pelos acordos internacionais cumprirem esse dever, os interessados não terão de esperar de dois a três anos para que uma CTC de um país chegue ao outro país. A própria legislação deveria prever uma forma de comunicação via *internet* que permitisse a concessão dos benefícios sem ter de esperar os labirintos dos caminhos da diplomacia.

Respeito da administração

Não é respeitoso um atendimento do cidadão, se a repartição não oferece condições urbanas dignas, instalações apropriadas, sanitários limpos, sombra, água, algum conforto, ambiente que torne possível aguardar essa atenção com dignidade.

Em algum momento, em alguma perícia que deve ser esquecida, uma médica perita do INSS chamou uma idosa de caminhão velho.

Pacientes internados em macas (e às vezes no chão) dos corredores dos hospitais é um sinal de fracasso total da assistência à saúde estatal.

Possibilidade de ocorrência de dano moral

É evidente que o limite da urbanidade está no desrespeito e por isso é sempre bom lembrar a possibilidade de ocorrerem danos ou prejuízos materiais e morais e sobrevirem as consequentes reparações estatais.

A ciência do que está sucedendo com o andamento do seu processo é o mínimo que se exige em matéria de transparência adjetiva, um princípio constitucional. E não deixa de ser um controle do interessado sobre o cumprimento dos prazos legais.

Notícia da tramitação

Ser informado de uma decisão interlocutória que afete o andamento dos autos e o próprio direito pretendido é uma providência absolutamente necessária.

Com os recursos da nova tecnologia isso é fatível e as perguntas e as respostas podem ser dadas via internet, facilitando para ambas as partes.

Vista dos autos

Vistas dos autos, acompanhada de advogados ou não, é um instituto técnico procedimental que visa dar comunicação integral aos interessados do que consta do expediente em andamento do seu interesse. Trata-se de um mecanismo simples, realizado nos balcões da repartição pública, para isso bastando o acompanhamento de um servidor.

Cópia de documentos

Quaisquer documentos não enunciados nas normas legais como protetores do sigilo, privacidade e identidade das pessoas, podem ser copiados interna e externamente e fornecidos aos interessados.

Conhecimento de decisões

O inciso II fixa outra obviedade gritante: a necessidade do conhecimento das decisões tomadas pela Administração Pública, sejam elas interlocutórias ou finais.

Na concorrência da pensão por morte entre ex-esposa e ex-companheira releva que qualquer ato administrativo procedimental praticado pelo gestor ou por uma das partes chegue ao conhecimento das outras partes. Trata-se de um contraditório de interessados.

A redação do inciso III dá a entender que mesmo após o requerimento inicial e antes da decisão, nesse interregno é possível a juntada de memoriais com alegações e provas e que tais documentos devam ser considerados entre instrutor da decisão.

Isso se dá porque, em razão da complexidade dos procedimentos e em face do desconhecimento da lei e da prática usual, muitas vezes é necessário reforçar os argumentos e a força de persuasão dos documentos trazidos para avaliação.

A assistência por terceiros é disciplinada no inciso IV que trata da presença do advogado, distinguindo a obrigatoriedade da sua contratação e da facultatividade.

Destarte, os postos de atendimento das repartições públicas atenderão os próprios interessados, advogados, contadores e despachantes; estes últimos devidamente acompanhados de procuração.

Capítulo IV
Deveres dos Administrados

> **CAPÍTULO III — DOS DEVERES DO ADMINISTRADO**
>
> Art. 4º São deveres do administrado perante a Administração, sem prejuízo de outros previstos em ato normativo:
>
> I – expor os fatos conforme a verdade;
>
> II – proceder com lealdade, urbanidade e boa-fé;
>
> III – não agir de modo temerário;
>
> IV – prestar as informações que lhe forem solicitadas e colaborar para o esclarecimento dos fatos.
>
> **Remissão:** art. 32, III/IV, do PCSS

Se os administrados têm direitos, não se entende o por quê desses "Deveres do Administrado", indicados os interessados no singular.

Rol dos deveres

O Capítulo III não é um decálogo de obrigações comportamentais dos indivíduos, que gozam de toda liberdade possível fora das relações com a Administração Pública. Diz o art. 5º, II, da Carta Magna que "ninguém será obrigado a fazer ou deixar de fazer alguma coisa senão em virtude de lei". Essa dicção define o princípio da liberdade, que nem princípio deveria ser, mas que historicamente se impôs nas relações entre o Estado e o cidadão.

No ensejo vale lembrar que o Direito Previdenciário é amoral; preenchidos regular, legal e legitimamente os pressupostos legais, não importa o comportamento social, grupal, familiar ou moral dos beneficiários da seguridade social. A moralidade somente será considerada, e com todo rigor, nas relações dos beneficiários com o ente gestor das prestações estatais.

Ao se relacionar com os órgãos públicos o cidadão tem todas as obrigações morais que os costumes exigem. Não pode suprimir informações, deixar de exibir provas (exceto contra si), negar-se ante as solicitações próprias de cada pretensão.

De acordo com o PBPS, o requerente de auxílio-doença ou aposentadoria por invalidez ou quem deseja ser classificado como dependente é obrigado a submeter-se a exame médico pericial. Se alega ter 16 anos quando da inscrição obriga-se a fazer a prova dessa idade com a certidão de nascimento; se diz que é casado, haverá de juntar a certidão de casamento e assim por diante.

Condições exigidas

Os deveres impostos ao cidadão são os presentes quando ele se envolve com algum órgão público (e que podem ser invocados também nas relações de direito privado).

De regra, o Direito do Trabalho não os ignora e impõe ao empregado certas qualidades morais como a veracidade, lealdade, urbanidade e boa-fé.

Ato normativo

Equivocou-se o legislador ao usar "ato normativo", uma expressão bastante limitadora, usualmente empregada no sentido de norma regulamentar baixada pela Administração Pública. Na verdade, querendo dizer legislação, como é o caso do PCSS, PBPS, LBPC, RIR etc.

O rol desses atos é imenso e se espraia conforme o segmento administrativo, convindo ressaltá-los pontualmente quando conveniente a exposição de cada tema.

Embora o *caput* do art. 2º não mencione a veracidade como um ônus funcional também da Administração Pública, sabidamente exigida em face da moralidade que lhe é imposta, fica evidente que as pessoas relacionadas com o serviço público devem ser verazes, não podendo mentir (ainda que sob a forma da omissão da verdade), escamotear informações, mascarar situações, simular enganosamente, enfim, sonegar a verdade (inciso I).

O trabalhador que presta depoimento afirmando ter presenciado colega na empresa, quando isso for falso, está praticando a falsidade ideológica. Quem se nega a prestar informação sobre um valor recebido e sobre o qual incide o IR, comete sonegação fiscal. Quem finge estar incapaz, estando apto para o trabalho, pratica uma falsidade grave.

Conceito de verdade

A verdade é a realidade informada por alguém para isso autorizado a declará-la presente (caso do magistrado), habilitação que pressupõe capacidade técnica suficiente para a compreensão do fato, evento ou fenômeno que observa.

Como alguns julgam, não se trata de uma posição subjetiva, mas de um conceito definido em cada caso na lei. Geralmente a inverdade é confundida com desconhecimento, desvirtuada por interferência externa, subtraída dos olhos de quem tem de ver e não veem, mas preexistente a sua declaração.

Essa verdade a que alude a lei é aquela que o autor do pedido dispõe e que nem sempre se constituirá na realidade factual. A verdade a que está disposto a prestar, é a que ele sabe deter.

Lealdade pessoal

Lealdade é correção de procedimento, ônus de informar o real, não subtrair dados relevantes para a solução dos conflitos. Quem tem uma informação que seria útil para o esclarecimento e a subtrai não é leal. O servidor que não informa uma limitação física ou psicológica, doença ou incapacidade quando do exame médico admissional no serviço público, no mínimo está sendo desleal.

Urbanidade total

A mesma educação pessoal reclamada do servidor que atende o público é imposta ao administrado; ele tem de ser cortês no trato com a repartição pública. Mas a ausência da urbanidade, em si mesma censurável, não deve interferir no direito do cidadão, cabendo ser sancionada, se for o caso, conforme outros instrumentos.

Um segurado que não se conforme com o resultado médico da perícia não pode agredir o servidor que o examinou.

É sempre bom lembrar que o dano moral é um direito do ofendido, seja ele o particular ou servidor.

Boa-fé

Quem age com má-fé obsta a apuração da verdade, que é o objetivo máximo do processo administrativo.

O inciso III fala na temeridade, que é proceder sem o cuidado necessário, arriscar-se desnecessariamente. Quem vai solicitar um bem deve procurar minimamente saber se tem direito a esse bem. O que pede revisão de cálculo pensando majorar a renda mensal corre o risco de a revisão acontecer com redução do valor...

O principal dever do administrado é atender à solicitações que lhe forem encaminhadas, dentro de prazo razoável e sob pena de suspensão do andamento dos autos do processo.

Em segundo lugar e na mesma linha de raciocínio, cooperar para que os fatos sejam esclarecidos.

Capítulo V
Início do Processo

CAPÍTULO IV — DO INÍCIO DO PROCESSO

Art. 5º O processo administrativo pode iniciar-se de ofício ou a pedido de interessado.

Remissão: art. 7º do Decreto n. 70.235/1972

Um processo administrativo somente conhece duas origens: a) a própria do titular que pretende exercitar um direito, seja ele qual for e b) a iniciativa da própria administração. Nos termos do art. 46 do Decreto n. 70.235/1972, a empresa que faz uma consulta dá início a um expediente cuja manifestação será a resposta do órgão consultado.

A segunda modalidade costuma ser designada como sendo de ofício ou oficialmente e, em cada caso, será facultativa ou obrigatória.

Quando se trata dessa segunda hipótese, os procedimentos são mais complexos e reclamam vários cuidados; de regra eles costumam inovar afetando expectativas de direito, situações constituídas, direitos adquiridos etc.

Recentemente o INSS começou a enviar cartas aos segurados que acabam de completar o direito à aposentadoria por idade (age de ofício), mas a iniciativa do pedido do benefício ainda está nas mãos do segurado, que decidirá sobre a sua aposentação e em particular se adota ou não o fator previdenciário.

A iniciativa do titular pode ser substituída por representante e não está descartada a hipótese de terceiro interessado na lide ingressar com um pedido.

Na modalidade da iniciativa da administração lembra-se o dever do INSS de conceder benefício por incapacidade para quem não tem condições psicológicas ou fisiológicas de requerê-lo (por exemplo, por estar internado).

Em face do bem jurídico tutelado, no campo do procedimento fiscal as diferentes ciências oficiais cercam-se de mais cuidados ainda.

O art. 7º do Decreto n. 70.235/1972 diz que o procedimento fiscal "tem início com: I – o primeiro ato de ofício, escrito, praticado por servidor competente, cientificado o sujeito passivo da obrigação tributária ou seu preposto; II – *omissis*; III – *omissis*".

Esse ato parece ser a Notificação Fiscal, mas a Portaria RFB n. 10.875/2007 assevera em seu art. 2º: "I – com a impugnação tempestiva da NFLD e do Auto de Infração", que é praticamente igual ao que garante o art. 7º da Portaria MPS n. 520/2004.

Rigorosamente, não deveria ser assim. Notificado para a apresentação de documentos, auditado, lavrada a NL ou o AI, a sua data deveria ser a do início do contencioso administrativo e deste momento se contam os prazos decadenciais, prescricionais e outros efeitos jurídicos. A emissão de um documento comunicando ao contribuinte a exigência de uma exação não constitui o contencioso e nem mesmo a cobrança judicial, nos dois casos se não subsistir a oposição do interessado.

Capítulo VI
Requerimento Inicial

> Art. 6º O requerimento inicial do interessado, salvo casos em que for admitida solicitação oral, deve ser formulado por escrito e conter os seguintes dados:
>
> I – órgão ou autoridade administrativa a que se dirige;
>
> II – identificação do interessado ou de quem o represente;
>
> III – domicílio do requerente ou local para recebimento de comunicações;
>
> IV – formulação do pedido, com exposição dos fatos e de seus fundamentos;
>
> V – data e assinatura do requerente ou de seu representante.
>
> Parágrafo único. É vedada à Administração a recusa imotivada de recebimento de documentos, devendo o servidor orientar o interessado quanto ao suprimento de eventuais falhas.

O art. 6º trata dos aspectos formais do requerimento administrativo que configura um pedido do interessado.

No parágrafo único o preceito fixa um comando de elevado significado, um lema que deveria alçar ao patamar dos postulados e obrigações da Administração Pública, o de protocolar.

Requerimento escrito

Excetuada raríssima hipótese da petição inicial verbal, a norma deixa claro que o pedido tem de ser escrito. Em algum momento se admitirá um pedido via fax ou pela *internet*. Note-se que com os recursos da informática, assume importância a assinatura do autor do pedido.

Formulário padronizado

Como se verá a seguir no art. 7º, a repartição pública deverá adotar formulários próprios, facilitando a realização do direito de acessar os serviços públicos. Ainda que os órgãos públicos ofereçam resistência à quebra da padronização, sempre se permitirá ao interessado que redija o próprio requerimento.

Comunicação virtual

Muitas providências administrativas são executadas virtualmente com ou sem assinatura digitalizada. Como exemplo do que sucede no processo judicial o procedimento administrativo caminha no sentido da virtualização total, para isso bastando assinatura eletrônica, senhas e outras modalidades de controle da autenticidade do documento. Como quaisquer documentos podem ser falsificados, todos os cuidados serão poucos.

Requerimento sequencial

O *caput* fala em requerimento inicial, mas as regras do art. 6º valem também para os pedidos sequenciais. Postulações varais, recursos, memoriais, pareceres, todos esses documentos devem ser escritos, mas outros meios de prova serão admitidos como gravações de vídeo, filmes, fotografias etc.

Requerimento coletivo

O art. 8º, como se verá adiante, prevê a hipótese do requerimento com uma coletividade de interessados. Neste caso, cada um deles terá de ser perfeitamente identificado e de regra um primeiro da lista é que será citado como referência.

Capitulação legal

Em seguida, em relação a cada fato e a cada pretensão, a capitulação da fonte formal que julga amparar o direito, reproduzindo sinteticamente, se for o caso, o dispositivo legal. Embora as autoridades disponham de biblioteca física e virtual dos textos legais, é importante facilitador a reprodução do preceito que assegura a pretensão.

Prova dos fatos

O dispositivo sob comentário neste momento não alude à prova do alegado. Este é momento de apresentá-la ou de se propor a fazê-lo adiante. A prova é fundamental para o direito e nos casos em que não se discutir matéria fática ela é substituída pelos argumentos jurídicos.

Pedido final

Finalmente, como se fosse uma sentença, chega a hora do pedido propriamente dito, que tem de ser claro, objetivo, específico e articulado.

Carece deduzir a pretensão de forma clara, não deixando margem a dúvida sobre a intenção do autor. Ele precisa explicitar especificamente o que deseja. O pedido terá de ser articulado com as fontes formais, os argumentos e as provas. Não é correto discorrer sobre aposentadoria especial se o escopo é a aposentadoria por tempo de contribuição.

Um requerimento deve ser dirigido a uma pessoa jurídica de direito público (ministério, autarquia, fundação etc.), uma entidade da administração ou autoridade específica.

Se o interessado não souber o nome do titular da autoridade indicará apenas o título do seu cargo.

A indicação incorreta do destinatário não é causa determinante para a negativa do protocolo, cabendo a solução dar-se como uma exigência interlocutória.

É primordial que o interessado se identifique, apondo seu nome completo (eventual apelido ou como for conhecido) ou identificação do seu representante (inciso II). É usual em Direito Administrativo a informação sobre a Cédula de Identidade (CI), o Cadastro da Pessoa Física (CPF), o Número de Identificação do Trabalhador (NIT), o documento profissional, a profissão e o estado civil.

Tem suma importância indicar o seu domicílio, residência ou local em que possa receber correspondência. Nos tempos modernos o seu *e-mail* (inciso III).

O inciso IV enfoca aspecto relevante do pedido ao órgão público, muitas vezes descurado, o que o interessado deve apresentar:

a) Fatos — Uma narrativa das ocorrências históricas que interessam ao deslinde da questão. Por exemplo, descrever os períodos de trabalho, as condições ambientais etc.

b) Fundamentos jurídicos — Fontes formais (Constituição Federal, leis, decretos, portarias, instruções normativas e súmulas).

c) Provas — Os meios de prova que serão apreciados na instrução do pedido.

d) Argumentação — Encaminhamento articulado entre os fatos e os fundamentos jurídicos.

e) Pedido — Descrição do bem jurídico desejado.

A petição deve iniciar-se com a descrição objetiva dos fatos relevantes, relatados historicamente, os eventos relacionados com a sua pretensão, sem desvios literários ou incursões doutrinárias.

Prova do alegado

O dispositivo sob comentário não alude à prova do alegado. Este é o momento adequado para apresentá-la ou se propor a fazê-lo adiante.

Argumentos favoráveis

Dedução lógica que ampara a solicitação.

O requerimento deve ser datado e assinado pelo autor ou por quem o represente, caso em que deverá juntar a procuração (inciso V).

Seu parágrafo único trata do protocolo. A regra de ouro é: a Administração Pública não pode se furtar ao dever de protocolar, movida ou não para isso. Mesmo na hipótese de o requerimento apresentar algumas falhas (que não sejam as dos incisos I a V), o pedido deve ser admitido.

A alegação prévia de que não há o direito não é suficiente para a negativa.

Requerimento fora do prazo deve ser protocolado.

O parágrafo único dispõe ainda sobre uma obrigação do gestor de orientar o interessado sobre eventuais falhas. Não se considera recusa do protocolo a solicitação do segurado para que providencie a supressão de falhas, adiando o protocolo. É seu dever, se a exigência não for substancial, emitir um protocolo provisório.

Agendamento atual

A prática do agendamento praticada pelo INSS é válida, se por ocasião do atendimento a data do protocolo seja a daquela em que foi promovido o agendamento, daí se contando as mensalidades da prestação.

Capítulo VII
Utilização de Formulários

Art. 7º Os órgãos e entidades administrativas deverão elaborar modelos ou formulários padronizados para assuntos que importem pretensões equivalentes.

Remissão: Decreto n. 4.032/2001

Diante da multiplicidade e identidade dos pedidos, de longa data são utilizados os formulários administrativos. São documentos padronizados fornecidos gratuitamente pela própria Administração Pública, que resumem os principais requisitos que um requerimento deve conter.

Tais impressos costumam ser sintéticos, modelados com quadros a serem preenchidos, que simplificam as solicitações.

O adequado é que tais papéis devam conter um campo para observações, para a possibilidade de eles não preverem todas as hipóteses, especialmente quando de pedidos alternativos e a necessidade de esclarecimentos.

Embora a lei fale em "deverá", nada impede que alguém dispense o uso de tais mecanismos e prefira requerer com base em prosa própria, desde que atendidos os requisitos básicos de cada solicitação.

Em algum momento circulou um documento que descrevia uma impugnação da cessação do auxílio-doença ou aposentadoria por invalidez, bastante simplificado com linhas para que o interessado acrescesse alguma informação.

Quando o Decreto n. 4.032/2001 disciplina o Perfil Profissiográfico Previdenciário (PPP), da aposentadoria especial, o elaborador da norma se esqueceu de abrir espaço para as observações (*O PPP na Aposentadoria Especial*, São Paulo: LTr, 2006).

Há uma regra que faz parte do processo administrativo fiscal que pode se aproveitada: "Os atos e termos processuais, quando a lei não prescrever forma determinada, conterão somente o indispensável à sua finalidade, sem espaço em branco, e sem entrelinhas, rasuras ou emendas não ressalvadas" (*caput* do art. 2º do Decreto n. 70.235/1972).

Com efeito, têm-se aí comandos que podem ser aproveitados: a) o conteúdo deve ser apenas o necessário; b) devem ser evitados espaços em branco (que poderiam ser preenchidos *a posteriori*); c) entrelinhas são rejeitadas; d) rasuras ou emendas devem ser ressalvadas.

Modelo é uma coisa e formulário é outra. O modelo é uma disposição preparada e sugerida ao titular da pretensão para que a observe ou não. Modelo de procuração de próprio punho costuma ser oferecido e ser muito útil. Formulário é um impresso padronizado preferivelmente ao requerimento preparado pelo interessado.

Capítulo VIII
Pluralidade de Interessados

> **Art. 8º** Quando os pedidos de uma pluralidade de interessados tiverem conteúdo e fundamentos idênticos, poderão ser formulados em um único requerimento, salvo preceito legal em contrário.

Existem direitos coletivos idênticos que podem ser deduzidos por uma coletividade de requerentes.

Cada uma dessas hipóteses depende de regulamentação própria, o art. 8º não é uma regra geral.

Quando a norma contempla esses pedidos agrupados com dois ou mais participantes, a Administração Pública deve abrigá-los, protocolando as pretensões num único processo, medida que, em momento posterior, pode ser desfeita a pedido dos interessados.

Nessas circunstâncias, segundo o art. 8º, se os fundamentos jurídicos são iguais, se o conteúdo da pretensão é o mesmo e com um pedido idêntico, é possível a unicidade procedimental.

Serão atendidos os incisos do art. 6º, que trata do conteúdo mínimo dos requerimentos.

Se a autoridade assim entender, no ato do protocolo ou mais adiante que não era a hipótese, terá de dividir os autos em processos individuais.

Nestes casos, os formulários não são recomendáveis.

Capítulo IX
Classificação dos Interessados

> **CAPÍTULO V — DOS INTERESSADOS**
>
> Art. 9º São legitimados como interessados no processo administrativo:
>
> I – pessoas físicas ou jurídicas que o iniciem como titulares de direitos ou interesses individuais ou no exercício do direito de representação;
>
> II – aqueles que, sem terem iniciado o processo, têm direitos ou interesses que possam ser afetados pela decisão a ser adotada;
>
> III – as organizações e associações representativas, no tocante a direitos e interesses coletivos;
>
> IV – as pessoas ou as associações legalmente constituídas quanto a direitos ou interesses difusos.

O *caput* do art. 9º indica quais são as pessoas legitimadas para se relacionarem com a Administração Pública num processo administrativo. São os que podem se apresentar como titulares ou representantes desses titulares de um possível direito a ser expressado e outras pessoas.

Embora se possa utilizar o vocábulo "interessado" (como aqui fazemos), num sentido de gênero e espécie, primeiro a LPAF quer dizer o titular do direito para depois mencionar outras pessoas relacionadas com esse direito. A Lei n. 9.784/1999 chama essas pessoas de interessados, mas nós preferimos designar titulares de um direito, às vezes nos referindo a condição de requerente e designá-los como administrados em face do administrador.

Em vez de dizer que essas pessoas têm o direito, a norma preferiu falar que elas têm legitimidade.

Na verdade elas carecem de observar a regularidade, apoiarem-se na legalidade e serem legitimamente as únicas que podem exercer essas pretensões.

Deflagrador do expediente

O inciso I não define nem esclarece nada: diz que quem iniciar é que pode fazê-lo (*sic*). Deveria dizer as pessoas físicas ou jurídicas ou os seus representantes. Mas, à evidência, indivíduos que julguem deter algum direito individual ou coletivo.

Resta presumida a capacidade jurídica para o pedido administrativo e que os incapazes ou ausentes terão de ser representados (art. 30).

O inciso II configura a terceira pessoa, física ou jurídica, que tenha interesse na lide administrativa.

Solidariedade fiscal

Nos casos de solidariedade fiscal a alegação que afeta o responsável e o corresponsável, diz respeito aos dois contribuintes. Quando da cobrança da exação devida por um ou outro contribuinte, tem interesse em acompanhar o encaminhamento do expediente.

Previdência complementar

A EFPC que administra um plano de benefícios complementar e subsidiário tem o poder de interferir no processo de concessão ou de manutenção de uma prestação básica do RGPS, uma vez que ela pode repercutir da renda mensal da complementação.

Imagine-se que o INSS reduza o valor mensal de um benefício; isso faz aumentar a obrigação da entidade fechada, o que leva a concluir que ela se torna uma terceira interessada na lide.

Pessoas físicas

Na seguridade social as pessoas físicas são os beneficiários da previdência social e os assistidos da assistência social. Em particular, os beneficiários são os segurados e os dependentes. Segurados ativos (contribuintes) e inativos (aposentados).

Os dependentes têm o poder de exprimir volições em relação ao auxílio-reclusão e à pensão por morte, como titulares e também se desejam a revisão da aposentadoria antecedente ao óbito do segurado, no que diz respeito à revisão de cálculo ou desaposentação. Sem razão as decisões da Justiça Federal negam esse direito aos dependentes.

Pessoas jurídicas

De modo geral, são os sujeitos passivos dos tributos e das contribuições sociais federais ou das empresas genericamente consideradas (ainda que não contribuintes), como os titulares de firma individual, limitadas, sociedades anônimas, entidades, associações, cooperativas, igrejas, partidos etc., muitas delas descritas no art. 15 do PCSS.

Representantes dos legitimados

Representantes são pessoas autorizadas para representar as pessoas físicas ou jurídicas, as quais assumem o ônus de apresentar o mandato em que delegada essa atribuição.

Continua aberta a discussão em torno da presença dos advogados para isso constituídos durante a perícia médica, devendo-se entender que eles podem participar de todos os atos jurídicos, mas de nenhum dos atos médicos.

No inciso III cuida-se das pessoas jurídicas habilitadas para exercerem a representação de terceiros. São muitíssimas entidades, associações civis, órgãos de controle do exercício profissional etc.

As entidades referidas na Carta Magna têm autorização expressa para ingressarem com solicitações junto às repartições públicas, quando estiverem representando as pessoas físicas.

Capítulo X
Capacidade *Postulandi*

Art. 10. São capazes, para fins de processo administrativo, os maiores de dezoito anos, ressalvada previsão especial em ato normativo próprio.

Remissão: art. 13 do PBPS

No exame da aptidão para postular alguma atividade de um órgão público será preciso considerar a capacidade previdenciária. Em particular examinar o Código Civil e as duas leis básicas da previdência social.

Capacidade administrativa

A capacidade administrativa é a regida pelo Código Civil. Quem pode praticar atos jurídicos da vida civil pode praticar atos administrativos.

Capacidade previdenciária

Da capacidade civil provém a previdenciária, isto é, o atributo jurídico suficiente para sujeitar as diferentes pessoas, o relativo à obrigação de contribuir e de auferir as prestações. De modo geral, os menores de 16 anos não poderiam contribuir para a seguridade social, mas a Carta Magna autoriza excepcionalmente a filiação dos menores aprendizes.

Idade mínima constitucional

Em seu art. 7º, XXXIII, a Carta Máxima veda "qualquer trabalho a menores de dezesseis anos, salvo na condição de aprendiz" (redação da EC n. 20/1998).

Idade mínima legal

O PBPS autoriza o segurado "maior de 14 (quatorze) anos que se filiar ao Regime Geral de Previdência Social, mediante contribuição, desde que não incluído nas disposições do art. 11" (art. 13).

Maioridade previdenciária

A rigor, a maioridade previdenciária dos empregados é aos 16 anos e do facultativo aos 14 anos. Para os demais segurados valem as normas civis (16 anos) e comerciais (18 anos).

Quem estiver impedido de assinar, por ser analfabeto ou em virtude de outra impossibilidade, dará quitação com a aposição da impressão digital na presença de servidor ou de representante do órgão gestor.

Condição de beneficiário

A titularidade dos direitos dos benefícios também reclama a capacidade civil e previdenciária. O direito dos pensionistas menores de idade é exercitado pelos seus representantes legais, em cada caso, pai e mãe ou curador.

Da mesma forma a pessoa em razão da pouca idade ou idade avançada, mediante tutor ou procurador.

Presidiário detido

Quem está preso não pode exercer todos os seus direitos, principalmente quando o exercício reclama a presença física (Lei n. 7.210/1984).

População indígena

O indígena, conforme sua condição antropológica: a) isolado; b) em vias de integração; e c) integrado, que exercita os seus direitos. Os dois primeiros carecem de representação pela FUNAI.

Ausentes

Quem desaparece do domicílio (abstraindo eventual direito dos dependentes à pensão por morte), e não deixa representante ou procurador, diz-se ausente. O juiz nomeará normalmente o cônjuge ou uma pessoa para administrar-lhe os bens. Receberá benefícios previdenciários de segurado ou de dependente. Essa pessoa é dita curador de ausente.

Capítulo XI
Irrenunciabilidade da Competência

CAPÍTULO VI — DA COMPETÊNCIA

Art. 11. A competência é irrenunciável e se exerce pelos órgãos administrativos a que foi atribuída como própria, salvo os casos de delegação e avocação legalmente admitidos.

Remissão: arts. 12/17 e 48/49 da LPAF
Súmula STF n. 346

Em poucas palavras, competência é o poder que alguém detém de fazer alguma coisa. Processualmente é a aptidão de uma divisão do Poder Judiciário de apreciar uma questão a ele trazida. Na Administração Pública, procedimentalmente é a capacidade que uma autoridade ou órgão detém de decidir um ato administrativo de gestão e também de examinar o mérito de uma pretensão exposta, declarando ou não a existência de um direito.

Competência administrativa

Os órgãos públicos detêm competência administrativa tanto quanto a do Poder Judiciário e até com mais amplitude. Agora, interessa mais particularmente a que diz respeito ao contencioso administrativo.

De regra, os entes de controle dos atos administrativos, como CRPS, CARF, CRPC, CNSP e outros conselhos mais, que dividem a sua capacidade geral em razão das pessoas, do território, do valor discutido, da presença do autor, etc. O mesmo se passa com os Ministérios, as agências reguladoras e os setores especializados do governo.

A competência de gestão e de decisão não é uma instituição apenas da Administração Pública, ela é conhecida também entre os administrados na iniciativa privada.

Abstenção de decidir

Afirma categoricamente o art. 11 que o órgão público não pode renunciar a sua competência administrativa, obrigada a decidir (arts. 48/49). Mas excepciona as hipóteses em que a lei tenha delegado esse poder ou autoridade possa avocar um processo.

O fato de a Administração Pública não ter permissão para apreciar um feito que tramita no Poder Judiciário não significa renúncia de competência, mas abdicação constitucional à prevalência daquele poder maior.

Poder de revisão da Administração Pública

Segundo uma posição consagrada a partir da Súmula STF n. 346, o poder público pode rever os seus próprios atos, o que também não significa renúncia à competência, mas o seu exercício.

Avocatória ministerial

Até que fosse derrogada e como um retrocesso organizacional da Previdência Social, a avocatória era um instrumento de supervisão das decisões administrativas do CRPS com grandes virtudes.

Capítulo XII
Delegação de Competência

> Art. 12. Um órgão administrativo e seu titular poderão, se não houver impedimento legal, delegar parte da sua competência a outros órgão ou titulares, ainda que estes não lhe sejam hierarquicamente subordinados, quando for conveniente, em razão de circunstâncias de índole técnica, social, econômica, jurídica ou territorial.
>
> Parágrafo único. O disposto no *caput* deste artigo aplica-se à delegação de competência dos órgãos colegiados aos respectivos presidentes.

Remissão: art. 11 da LPAF

Esta determinação faz parte do poder organizacional da Administração Pública. Depois de fixar a regra (art. 11), quando abriu exceções, a Lei n. 9.784/1999 excepciona as possibilidades de delegação da competência.

Pessoas autorizadas

Quem tem permissão para essa delegação excepcional é o titular do órgão e o próprio órgão e mais ninguém. Numa organização hierarquizada isso somente acontece com a aprovação, às vezes informal, da autoridade superior.

Possibilidade da delegação

A possibilidade existe, trata-se de uma faculdade e bastante limitada segundo os termos do art. 12.

Impedimento legal

Só não é possível tomar essa atitude caso haja impedimento legal. Se ele não está presente, a autoridade desfruta desse poder extraordinário e que é bastante comum.

Transferência da competência

Na Administração Pública é bastante comum que certas atividades próprias de um órgão sejam cometidas a outros órgãos, segundo a conveniência da administração.

Frequentemente o CRPS transfere processos em julgamento de uma JR para outra.

Destinatários da atribuição

Aqueles que recebem a competência são entes geralmente do mesmo Ministério ou Secretaria, mas não são raros os casos em que esse cometimento extravasa o próprio Ministério.

Posição na hierarquia

Os destinatários da competência tanto podem ser órgãos do mesmo nível, de nível inferior ou superior.

Conveniência administrativa

O que preside a providência é a conveniência administrativa e esta é regida pelo interesse público e ao interesse dos indivíduos. Houve um tempo que o INSS fiscalizava o FGTS, depois a atividade foi cometida à Caixa Econômica Federal. Atualmente a arrecadação e a fiscalização das contribuições sociais deixaram o INSS e passaram a ser uma atribuição da RFB.

Tipos de circunstâncias

As circunstâncias que autorizam essa transferência de poder dizem respeito a aspectos técnicos da prestação de serviços públicos. Leva em conta o interesse social dos cidadãos. Sopesa aspectos econômicos. Considera a concepção jurídica e, por último, a divisão territorial.

O parágrafo único confere ao presidente de um órgão colegiado um atributo extraordinário, a ser atendido com todas as cautelas possíveis. Observadas as três restrições do art. 13, o órgão colegiado pode atribuir comandos ao presidente do colegiado. Não fazendo qualquer distinção estará cometendo esse poder aos órgãos de controle dos atos administrativos (de julgamento), fiscalizadores, consultivos, diretivos e todos os demais órgãos coletivos.

Capítulo XIII
Impossibilidade de Delegação

> **Art. 13.** Não podem ser objeto de delegação:
>
> I – a edição de atos de caráter normativo;
>
> II – a decisão de recursos administrativos;
>
> III – as matérias de competência exclusiva do órgão ou autoridade.

Remissão: arts. 11/12 da LPAF

Na mesma linha de raciocínio de todo o Capítulo VI — Da Competência, o *caput* do art. 13 veda algumas delegações de poderes. Este dispositivo suscita uma celeuma interminável em Direito: o poder dos atos normativos inferiores de, respeitando o texto da lei, o seu espírito e o sentido teleológico, regrarem institutos técnicos. Cumprindo o seu verdadeiro papel no ordenamento jurídico do País.

O decreto em relação à lei, a portaria em relação ao decreto, a instrução normativa em relação à portaria e assim por diante, regressivamente só não têm validade quando contrariarem os atos normativos superiores.

A emissão desarticulada de ordens de serviços por diferentes entes administrativos tumultua a gestão, em que a uniformidade dificulta a interpretação. Recentemente, o MPOG emitiu a ON MPOG n. 6/2010 disciplinando a aposentadoria especial do servidor e logo em seguida, como deveria ser, a SPPS disciplinou amplamente a mesma matéria (IN SPPS n. 1/2010). É vedada a transferência da responsabilidade da emissão de atos normativos. O legislador prefere que o administrador não delegue essa atribuição. De cima para baixo, cada Ministério tem sua própria competência.

A emissão de portarias e ordens de serviço coletivas, designadas como interministeriais, geralmente envolvendo dois ou três Ministérios é possível e não contraria esse dispositivo. Dada a sua natureza, a regulamentação da aposentadoria especial reclama o posicionamento do MPS, do MTE, para não falar do Ministério da Saúde.

Os autores consideram uma praga jurídica o Poder Executivo emitir decreto regulamentar no lugar de leis. Num país presidencialista isso é bastante comum e volta e meia a Administração Pública é obrigada a revogá-lo. Um exemplo clássico é a IN RFB n. 1.071/2010, que revogou a IN RFB n. 971/2009 que alterou o art. 22 do PCSS. Posteriormente, como convinha, a IN RFB n. 1.071 foi revogada (*sic*).

No passado, essa delegação aconteceu em muitos casos. Até hoje a definição de eclesiástico pertence a norma administrativa inferior.

A decisão dos recursos administrativos compete exclusivamente aos órgãos de controle da Administração Pública. Não podem ser delegados (inciso II).

Quando existente, a figura da avocatória não se constituía nessa modalidade.

O inciso III entra em conflito com o texto do *caput* do art. 12. Ali se autoriza a delegação de competência, exceto se se entender que o "impedimento legal" ali referido seja exatamente este inciso III.

Capítulo XIV
Características da Delegação

> Art. 14. O ato de delegação e sua revogação deverão ser publicados no meio oficial.
>
> § 1º O ato de delegação especificará as matérias e poderes transferidos, os limites da atuação do delegado, a duração e os objetivos da delegação e o recurso cabível, podendo conter ressalva de exercício da atribuição delegada.
>
> § 2º O ato de delegação é revogável a qualquer tempo pela autoridade delegante.
>
> § 3º As decisões adotadas por delegação devem mencionar explicitamente esta qualidade e considerar-se-ão editadas pelo delegado.

Nas suas restritas hipóteses compatíveis, o art. 14 regulamenta a delegação de poderes.

Ainda que não explicite qual tipo de fonte formal será adotada, ele assevera que a providência da transferência (delegação) e de cessação dos seus efeitos (revogação) será publicada no Diário Oficial da União. Julga-se que uma portaria ministerial possa ser o veículo que traduza essa decisão.

Ela tem data de início para começar e terminar no prazo convencionado ou antes disso (§ 2º).

O § 1º exige essa última data.

Tal dispositivo não fala em prorrogação, mas também não a veda. Se alguém pode delegar uma vez tem poder para reeditar a delegação.

O § 1º regra o ato da delegação.

Ato da delegação

O documento oficial e formal que permite a transferência de poderes de um setor da Administração Pública para outro é chamado de Ato da Delegação. Trata-se de uma providência que pode ser articulada sistematicamente por meio de artigos, itens ou cláusulas.

Matérias contidas

Aspecto importante dessa declaração dirá respeito ao conteúdo da delegação, que são as próprias do ente delegante.

Poderes atribuídos

Os poderes jurídicos, técnicos e administrativos a serem cometidos têm de fazer parte do ato da delegação, para que não pairem dúvidas sobre a sua área de atuação.

Limite da atuação

À vista da dicção anterior relativa aos poderes atribuídos, os limites parecem dizer respeito ao território. Terão de ser estabelecidos para não haver invasão de competência com outros órgãos.

Duração da transferência

O período da transferência tem início e fim e as duas datas devem constar do documento oficial de efetivação.

Objetivos colimados

Carece fundamentar a razão que tenha levado a Administração Pública à delegação e qual é o escopo da medida tomada. Tal expressão pode constar dos considerandos da edição.

Recurso cabível

Aparentemente a Lei n. 9.784/1999 admitiu a possibilidade de o administrado contestar a delegação, podendo fazê-lo por intermédio de um recurso previsto contido no § 1º.

Ressalva na delegação

Por último, pelo que se vê no final do § 1º, a cessão da autoridade cometida poderá estabelecer condições, restrições ou ressalvas.

Expedientes em andamento

O § 1º esqueceu-se de falar dos expedientes que estão em andamento e se eles permanecerão sob a regência do ente que promove a delegação ou se serão cometidos ao novo órgão.

O § 2º deixa claro que o Ato de Delegação pode ser revisto a qualquer momento. A autoridade delegante tem a capacidade de refazer o ato a qualquer instante, antes mesmo de vencido o prazo estipulado. Crê-se, respeitada a hierarquia administrativa, que uma autoridade superior também poderia tomar a mesma medida.

Quando o órgão delegado tomar uma decisão que repercuta externamente, mencionará essa condição de delegado, informando o ato normativo que tornou possível a medida.

Ressalva o final do § 3º que, a despeito dessa obrigação formal, as decisões serão de competência do órgão delegado.

Capítulo XV
Possibilidade de Avocatória

> Art. 15. Será permitida, em caráter excepcional e por motivos relevantes devidamente justificados, a avocação temporária de competência atribuída a órgão hierarquicamente inferior.

Remissão: art. 5º, XXXIV, *a*, da CF
          art. 4º da Lei n. 6.309/1975
          art. 205 da CLPS
          art. 42 da Portaria MPS n. 713/1993
          art. 121 do Decreto n. 83.080/1979
          arts. 60/64 da Portaria MPS n. 323/2007
          Parecer CONJUR/MTE n. 221/2009

A avocatória era uma técnica do Direito Procedimental que, no âmbito da previdência social, prestou relevantes serviços à comunidade. É uma solução que visava corrigir decisões dos órgãos de controle do INSS, providência de cima para baixo. Não conta com a aprovação unânime da doutrina por se entender que desnatura as decisões inferiores.

Trata-se de atividade administrativa válida, às vezes confundida com os recursos e muitas vezes foi assim utilizada. Fundamentalmente ela se baseia num princípio elementar de Direito Administrativo: quem decide, se fundado em causa bastante, provocado ou *sponte propria*, pode e deve reexaminar sua decisão, ajuizando coerentemente com a economia procedimental.

Geralmente essa atribuição de revisão é cometida ao alto escalão, frequentemente ao titular do Ministério, o cumprimento da capacidade de uma autorrevisão.

Avocatória não é recurso final, mas remédio jurídico-administrativo, com vistas a sanear determinação presumidamente equivocada. Deflui diretamente do poder de império da administração.

A tradicional avocatória do CRPS foi substituída em 2004 pelos arts. 60/63 da Portaria MPS n. 88/2004, que disciplinou a Revisão de Ofício (art. 60) e a Uniformização em Tese da Jurisprudência (arts. 61/64). Ela, por sua vez, foi substituída pela Portaria MPS n. 323/2007. O Decreto n. 70.235/1972 silenciou a respeito. Da mesma forma, a Lei n. 11.457/2007.

À evidência, esse instituto técnico deveria ser objeto de uma norma de superdireito alcançando todos os Ministérios.

Características básicas

A avocatória reclama a mesma fundamentação dos recursos; o interessado tem de provar à exaustão ter havido a causa justificante de sua inconformidade. É despacho saneador de impropriedades transparentes, não se constituindo em nicho para discussões cerebrinas ou acadêmicas. Imprestável, por exemplo, para perscrutar a natureza de um instituto técnico.

Excepcionalidade da solução

Sem esquecer a provisoriedade da medida, o art. 15 determina a instituição da avocação em caráter excepcional. A impressão que fica é que o texto é fruto de um acordo entre a corrente que a nega e a que a aprova.

Julga o legislador subsistir falta de confiança do dirigente superior em relação às decisões dos órgãos inferiores.

Se esse dirigente não tomar cuidados, o pedido poderá se prestar para a imposição de política administrativa das gestões, desmerecendo a gestão procedimental.

Relevância dos motivos

Os motivos para a instituição têm de ser relevantes. Alguém, em algum momento, terá de rastrear decisões contrárias à lei para justificar a excepcional medida. Somente em casos com relevância é que ela se impõe.

Justificação organizacional

As causas determinantes devem justificar essa medida excepcional. Uma delas é o mapeamento de decisões administrativas revistas pelo Poder Judiciário.

Avocação temporária

Mais uma vez demonstrando hesitação no juízo normativo, o dispositivo diz que avocatória deve ser temporária. Entende-se que normalizada a situação ela tenha de ser suspensa.

Órgão inferior

Decisões de órgãos julgadores inferiores podem ser revistas por intermédio desse instituto técnico. Atualmente, no âmbito do Direito Previdenciário, a Portaria MPS n. 323/2007 é o regulamento deste art. 15.

Conclusões sumárias

a) A avocatória é medida procedimental excepcional, reclamando sistematização do seu cabimento, caso contrário, o excesso de poder chega ao arbítrio e gera a intranquilidade jurídica.

b) A suscitação tem de ser filtrada por quem é competente para isso.

c) Seu acolhimento não é interpretado extensivamente.

d) Condensação de avocatória deve produzir enunciados, recomendando-se a divulgação dos seus fundamentos.

e) A avocatória funciona como ação rescisória no âmbito administrativo, se for o caso, refazendo ato indevidamente praticado.

f) Pela sua natureza não pode ser solicitada ou promovida a qualquer tempo, devendo a norma fixar-lhe prazo decadencial de dez anos.

g) Não há direito subjetivo a esse instrumento.

h) A iniciativa da subida dos atos deve ser específica.

i) Na condição de remédio jurídico, a avocatória não é um recurso.

j) Seu escopo principal é a correção de enganos cometidos ao processo administrativo e evitarem-se ações no Poder Judiciário, e com isso atingir-se a desejável tranquilidade jurídica.

Capítulo XVI
Publicidade das Entidades

Art. 16. Os órgãos e entidades administrativas divulgarão publicamente os locais das respectivas sedes e, quando conveniente, a unidade fundacional competente em matéria de interesse especial.

Remissão: art. 37 da Carta Magna

A ideia do preceito é o princípio constitucional da transparência; quer o legislador que os entes políticos deem ampla publicidade aàs entidades para que todos os interessados tomem conhecimento de sua existência.

Embora o dispositivo silencie a respeito, será bem-vinda a providência que indicar os serviços ali realizados.

Ampla divulgação

Ampla divulgação quer dizer bastante publicidade, com notícias, *banners* e todos os meios possíveis.

Modalidade da publicidade

Uma modalidade moderna e eficaz de divulgação é um *site*, integrativo ou não, que forneça os serviços prestados.

Locais das sedes

Quando existir mais de uma unidade daquele setor é importante que elas sejam referidas, com indicações da sede.

Unidade fundacional

O final do comando fala em unidade fundacional dando a entender que está se referindo às fundações de direito público, que usualmente prestam serviços distintos dos demais órgãos públicos.

Capítulo XVII
Primeira Instância

> **Art. 17. Inexistindo competência legal específica, o processo administrativo deverá ser iniciado perante a autoridade de menor grau hierárquico para decidir.**

A hierarquia administrativa é organizada piramidalmente. Na sua base, a divisão de menor grau (no INSS será a APS), subindo conforme os diferentes órgãos, muitas vezes divididos em polos locais, estaduais, regionais, e federal.

Em termos de benefícios no RGPS, quanto ao contencioso, são as APS, as JRPS, as CAj do CRPS e o Conselho Pleno do CRPS.

No referente ao Ministério da Fazenda, são as Delegacias, o Conselho dos Contribuintes e a CSRF.

O art. 17 afirma o que pode ser uma obviedade tradicional, o ordenamento procedimental é estruturado com certa semelhança com o Poder Judiciário, ou seja, instâncias, graus ou níveis administrativos, de baixo para cima.

Presume-se que os órgãos postados acima na hierarquia têm melhores condições de ajuizar sobre as questões, funcionando como um segundo grau de jurisdição. Primeiro, em razão da experiência dos profissionais ali atuantes e segundo, porque quando do duplo grau de apreciação da matéria, os autos contêm mais informações.

Capítulo XVIII
Impedimentos e Suspeição

> CAPÍTULO VII — DOS IMPEDIMENTOS E DA SUSPEIÇÃO
>
> Art. 18. É impedido de atuar em processo administrativo o servidor ou autoridade que:
>
> I – tenha interesse direto ou indireto na matéria;
>
> II – tenha participado ou venha a participar como perito, testemunha ou representante, ou se tais situações ocorrem quanto ao cônjuge, companheiro ou parente e afins até o terceiro grau;
>
> III – esteja litigando judicial ou administrativamente com o interessado ou respectivo cônjuge ou companheiro.
>
> **Remissão:** arts. 567/659 da IN INSS n. 45/2010

Nos arts. 18/19 a Lei n. 9.784/1999 trata do impedimento, restando aos arts. 20/21 a suspeição.

Não quer a lei que os servidores (incluindo as autoridades) e os não servidores que atuem na repartição pública participem do processo administrativo. O impedimento dos não servidores não está tão claro quanto o dos servidores.

Conceito de servidores

Por servidores devendo se entender os ocupantes de cargo efetivo, não estáveis ou estáveis, empregados públicos, ocupantes de cargo de confiança ou em comissão e todos aqueles que prestem serviços para os órgãos públicos.

Significado da atuação

A norma não explicita o que seja participar e isso dificulta as coisas, cabendo o entendimento de que seja a atuação constante dos autos do processo ou aquelas providências de impulsão do mesmo.

Ele não pode despachar, relatar, decidir.

Quem tem interesse na matéria, seja direto ou indireto, está impedido de se manifestar nos autos, interesse que pode ser pessoal ou coletivo.

Às vezes essa disposição encontra dificuldades porque algumas matérias, como a remuneração dos servidores, interessam a todos eles e, então, nenhum deles poderia participar de um processo que cuidasse desse assunto.

Para o art. 576 da IN INSS n. 45/2010, entende-se por parentes em primeiro grau, os pais e os filhos; em segundo grau, os netos, os avós e as irmãs; em terceiro grau, os bisavós, os bisnetos e os tios.

Servidor perito

Um servidor que seja perito e que tenha emitido laudo técnico ou não, está impedido de participar da decisão.

Testemunha dos fatos

O servidor, ainda que tenha conhecimento dos fatos, não pode fazer parte na condição de testemunha.

Representante do autor

Caso o representante seja servidor, ele está obstado de se manifestar nos autos.

Se o servidor faz parte de uma ação coletiva administrativa ou judicial ele não poderá participar de um processo em que um dos participantes faça parte. Muito menos se esse participante seja o seu cônjuge ou companheiro.

Capítulo XIX
Comunicação do Impedimento

> **Art. 19.** A autoridade ou servidor que incorrer em impedimento deve comunicar o fato à autoridade competente, abstendo-se de atuar.
>
> **Parágrafo único.** A omissão do dever de comunicar o impedimento constitui falta grave, para efeitos disciplinares.
>
> **Remissão:** Lei n. 8.112/1990

Pode dar-se de o servidor tomar conhecimento de que está impedido no curso de um processo. Nesse caso, ele tem o dever de comunicar ao seu superior hierárquico essa condição jurídica para que seja afastado das decisões tomadas nos autos. E, é claro, abster-se de nele atuar de qualquer modo.

Esse ônus funcional é moral, ainda que a sua eventual participação não melhore nem prejudique a análise da pretensão do cidadão que invoca a Administração Pública.

Não são só a autoridade e o servidor que têm essa obrigação; os seus superiores, tomando conhecimento do fato, devem alertá-los. O próprio interessado poderá motivar essa providência quando tomar ciência dessa improbidade administrativa (art. 20).

Se, a tempo, oportunamente o servidor não observa o disposto no *caput*, nos termos da lei ele estará cometendo uma falta grave. Será submetido à sindicância e, conforme o caso, ao procedimento de inquérito para apuração de responsabilidade, nos termos do ESPCU.

Capítulo XX
Arguição de Suspeição

> Art. 20. Pode ser arguida a suspeição de autoridade ou servidor que tenha amizade íntima ou inimizade notória com algum dos interessados ou com os respectivos cônjuges, companheiros, parentes e afins até o terceiro grau.

Remissão: art. 135 do CLPS

art. 801 da CLT

Portaria MPS n. 323/2007

A suspeição é um instituto técnico que tem sede no processo judicial que se espraiou para o processo administrativo, ali encontrando ressonância não só nas questões contenciosas como em todo o processo administrativo. Destarte existem pessoas impedidas e pessoas suspeitas no âmbito das decisões da Administração Pública.

É bastante comum a perseguição, atuação de um órgão público, geralmente na esfera do Direito Tributário, ou seja, a decisão de auditar, fiscalizar e multar inimigos políticos.

O dispositivo não enuncia quais são as consequências da presença do impedimento nem da suspeição, perfeitamente caracterizados, se até o final do processo não sobreveio o afastamento dos causadores desse cenário jurídico. *Ab initio* o correto é a anulação do processo, uma providência que não seria tomada se ficar exaustivamente comprovado que não houve a interferência indesejada pela norma jurídica.

Distinção entre impedimento e suspeição

Em termos administrativos a Lei n. 9.784/1999 distingue os motivos do impedimento no art. 18 e os da suspeição no art. 20. É perceptível que os primeiros estão mais centrados na generalidade da atuação dos órgãos públicos e a suspeição nos procedimentos do contencioso.

Conceito de suspeição

A suspeição pode ser considerada a condição legal impeditiva da atuação dos operadores administrativos quando responsáveis por atos administrativos e presente a imparcialidade, a neutralidade e a independência.

Por imparcialidade se entende o estrito cumprimento da lei. É neutro quem, cumprindo a lei, não se preocupa em atingir amigos ou inimigos pessoais, independente (um ideal dos magistrados e administradores) e age sem a preocupação com a repercussão da decisão.

A suspeição é um conceito, quase uma presunção de que o suspeito não agirá em conformidade com a obrigação legal. Ele não tem o poder jurídico de fazer a prova em contrário, exceto no campo da moral.

Iniciativa da arguição

Além do dever dos administradores o art. 20 configura o poder do administrado de suscitar o exame da suspeição, como um incidente procedimental que terá de ser apreciado pela Administração Pública.

Grau de relacionamentos pessoais

O legislador extremou ao optar por descrever o tipo de relacionamento entre o administrador e o administrado, qualificando a natureza desse vínculo pessoal: amizade e inimizade.

Amizade íntima

Quando optou pela amizade, que pode ser simples conhecimento, pessoal, grupal ou social, ele foi extremo e escolheu a amizade íntima. Para não particularizar a sua intenção a boa exegese indica que se trata de uma amizade mais profunda que o ser humano tem com homens e mulheres e, em particular, uma relação amorosa ou sexual.

É suspeito o médico que considera incapaz sua namorada, ainda que ela o seja.

Inimizade notória

A inimizade põe, como o oposto da amizade, uma disposição de não apreciar alguém, de tê-lo como inimigo e, neste caso, diz a lei, que seja notória essa ojeriza.

Um perito que nega a incapacidade de um desafeto, ainda que não seja incapaz, é suspeito.

Coletividade dos interessados

Ainda que a suspeição diga respeito a apenas um dos interessados no processo, a pessoa será suspeita para se manifestar em relação a todos eles e deve ser afastada do processo.

Cônjuges e companheiros

Se aquele que tem o poder de decidir está cuidando de um processo em que envolvidos seus parentes do núcleo familiar (mulher, marido, filhos) é considerado suspeito.

Parentes e afins

Também os parentes e afins são considerados suspeitos para os efeitos da suspeição.

Titular da alegação

Crê-se que o interessado e a pessoa interessada na lide têm capacidade para arguir a suspeição.

Principais características

São as seguintes as principais nuanças da suspeição:

a) subsistir amizade íntima ou inimizade notória entre as partes;

b) mutuamente serem credores ou devedores de algum valor;

c) serem herdeiros ou donatários;

d) serem empregados ou empregadores;

e) estarem litigando em juízo;

f) forem aconselhadores das partes;

g) terem custeado alguma despesa administrativa;

h) possuírem algum grau de parentesco próximo.

Capítulo XXI
Contestação da Suspeição

Art. 21. O indeferimento de alegação de suspeição poderá ser objeto de recurso, sem efeito suspensivo.

Remissão: art. 20 da LPAF

Já ficou claro que alguém, principalmente o interessado, pode ingressar na Administração Pública com um pedido alegando a suspeição de um dos impulsionadores do processo administrativo.

Isso constitui um expediente incidental que tem de ser resolvido pela própria administração e gerar outro processo. Às vezes, transformando num processo judicial que poderá repercutir no processo administrativo (máxime se a pretensão do alegante não lhe for satisfatória).

Levantada a suspeição mediante requerimento à própria autoridade que conduz o processo, esta deverá rejeitar ou acolher o pedido. Acolhendo, deverá atender às determinações anteriores da LPAF. Se a indeferir, dessa decisão caberá recurso.

Destinatário do recurso

O recurso deve ser dirigido ao impulsionador do processo, com solicitação de que reveja a sua decisão ou encaminhe as razões ao órgão hierarquicamente superior.

Prazo para a reclamação

A LPAF não fixa prazo administrativo para o ingresso do recurso. De todo modo não seria fácil fixar-lhe o termo inicial que deve ser quando o interessado toma conhecimento da impropriedade procedimental.

Diante do silêncio normativo crê-se que seria possível enquanto o expediente estiver em andamento.

Terceiro interessado na lide

Quem deu causa à arguição, às vezes o próprio impulsionador do processo, pode participar com suas razões no andamento deste novo procedimento.

Efeito suspensivo

Ausente vedação na dicção subsistirá o efeito devolutivo, ou seja, uma autoridade superior terá de examinar as razões do recurso, mas o dispositivo não contempla o efeito suspensivo, quer dizer, o processo principal continuará a despeito da inconformidade.

Evidentemente a Administração Pública corre o risco de ter de refazer todo o procedimento, caso esse recurso atenda à pretensão do reclamante.

Decisão final

Obrigada à decisão, uma vez instruído o procedimento relativo à matéria contida na reclamação do interessado ao órgão público, tem 30 dias de prazo para decidir (LPAF, art. 49).

Capítulo XXII
Atos do Processo

> **CAPÍTULO VIII — DA FORMA, TEMPO E LUGAR DOS ATOS DO PROCESSO**
>
> **Art. 22.** Os atos do processo administrativo não dependem de forma determinada senão quando a lei expressamente a exigir.
>
> § 1º Os atos do processo devem ser produzidos por escrito, em vernáculo, com a data e o local de sua realização e a assinatura da autoridade responsável.
>
> § 2º Salvo disposição legal, o reconhecimento de firma somente será exigido quando houver dúvida de autenticidade.
>
> § 3º A autenticação de documentos exigidos em cópia poderá se feita pelo órgão administrativo.
>
> § 4º O processo deverá ter suas páginas numeradas sequencialmente e rubricadas.

Ousadamente, a LPAF autoriza o servidor a processar um andamento administrativo com bastante liberdade, dir-se-ia que permite que os atos sejam informais, livres e independentes. Mas, como não poderia deixar de ser, o próprio artigo fixa algumas regrinhas e excepciona o seu comando, principalmente sabendo que se existe um instituto técnico que segue uma infinidade de comandos esse é o processo judicial e administrativo.

Conceito de ato processual

O processo administrativo é um mecanismo técnico instrumental, com longa tradição no Direito Administrativo, mediante o qual uma questão pessoal é trazida à apreciação da autoridade governamental, configurada em face da lei, em que alguém expressa um desejo a ser considerado em cada caso.

Para isso são promovidos vários registros decantados tecnicamente nos autos, geralmente constituídos de protocolo, averbação, anexação, desanexação, apensação, declaração, manifestação, emissão de parecer, requisições, despachos interlocutórios etc. e, principalmente, decisões.

Atos do processo

Diante da complexidade, da pluralidade e da diversidade desses pronunciamentos não se pode falar em dispensa de formalidades porque a cada um deles corresponde uma ritualística burocrática própria. O comum, o usual e o rotineiro é a formalidade. Quase sempre a lei, referida no dispositivo. Mas se ela não fixar nada nesse sentido, então o impulsionador do expediente tem o poder de estabelecer as próprias regras.

Componentes do processo

Basicamente, do ponto de vista procedimental, um processo de conhecimento em sua fase de cognição é deflagrado por um requerimento (contendo uma pretensão), um exame prévio da admissibilidade, a instrução propriamente dita, a apreciação inicial do fato em face da lei, a análise das provas, alguma solicitação de diligências, o pedido externado, a manifestação da consultoria e finalmente a decisão da autoridade. Nas fases subsequentes apresentam-se outros elementos mais (como os próprios das inconformidades ou da execução).

Fixando uma regra básica e que vai se tornando anacrônica com a informatização, diz o § 1º que os atos têm de ser escritos e na língua portuguesa, mas, é claro, admitindo documentos vazados em outra linguagem desde que traduzidos.

Devem ser datados, com indicação do local de sua realização e a assinatura da autoridade responsável pelo seu andamento.

No caso de processos virtuais, eles também têm de ser escritos, melhor dizendo, digitados e com assinatura digitalizada.

Dando a impressão de estar falando dos autos, mas realmente tratando de documentos a ele apensados, assevera que somente será exigido o reconhecimento de firma no caso de dúvida quanto à autenticidade da assinatura.

Reclamado o reconhecimento da firma, o próprio servidor que impulsiona o processo poderá promovê-lo à vista do documento original.

Por último, o § 4º diz que as folhas devem ser numeradas sequencialmente e rubricadas por quem as preencheu.

Capítulo XXIII
Momento dos Atos

> **Art. 23.** Os atos do processo devem realizar-se em dias úteis, no horário normal de funcionamento da repartição na qual tramitar o processo.
>
> **Parágrafo único.** Serão concluídos depois do horário normal os atos já iniciados, cujo adiamento prejudique o curso regular do procedimento ou cause dano ao interessado ou à Administração.

Além da necessária observação do parágrafo único, que quase torna ineficaz o *caput*, é perceptível alguma distonia a dicção do dispositivo e a realidade da Administração Pública.

Sem falar nos atos praticados nas perícias *in loco*, decisões tomadas pelos juízes em suas residências, muitos deles são exercidos nos finais de semana e até mesmo durante as férias do servidor. O dispositivo é inútil e ocioso. Assim, um despacho proferido durante as horas extras não perde validade porque fora do expediente normal.

Por isso mesmo, garante o parágrafo único a realização de atos procedimentais fora do expediente sempre que isso disser respeito ao interesse público, ao interessado e à Administração Pública.

Capítulo XXIV
Prazos de Impulsionamento

> **Art. 24.** Inexistindo disposição específica, os atos do órgão ou autoridade responsável pelo processo e dos administrados que dele participem devem ser praticados no prazo de cinco dias, salvo motivo de força maior.
>
> **Parágrafo único.** O prazo previsto neste artigo pode ser dilatado até o dobro, mediante comprovada justificação.
>
> **Remissão:** art. 49 da LPAF

A despeito do parágrafo único (que autoriza a duplicidade do prazo) este é mais um artigo ocioso, inútil e irreal.

Ocioso porque não é praticado; inútil, porque se não for observado, nada acontecerá com ninguém e irreal, já que muito curto.

De regra, o que se observa, sob a enorme disposição de mandar arquivar rapidamente os incômodos expedientes, é que o prazo é para os administrados, jamais para a Administração Pública.

O STF tem o hábito de expedir liminar e deixar o exame do mérito da questão para as calendas. Até hoje (2011) não apreciou o mérito da ADIn n. 1.110-9/DF, intentada pela FIESP/CIESP em 16.3.2000, que trata da constitucionalidade do fator previdenciário e também não decidiu sobre a validade do FAP (ADIn n. 3.931-7).

Órgão e autoridade

O dispositivo distingue órgão de autoridade, mas em termos de processo eles são praticamente iguais, geralmente impulsionados por um servidor, contando com a aprovação da autoridade.

Inclusão dos administrados

Incluir os administrados nesse dever foi um equívoco, se fosse real o comando deveria estar contido no Capítulo III - Dos Deveres do Administrado.

Diante das dificuldades operacionais das repartições públicas com a falta de estrutura, número mínimo de servidores competentes, péssimas instalações, de antemão caracterizada toda a justificação possível, tem-se que todos os prazos estão dilatados, serão sempre de dez dias. E mesmo assim não serão cumpridos, porque a disposição não tem sanção.

Capítulo XXV
Local dos Atos do Processo

> **Art. 25. Os atos do processo devem realizar-se preferencialmente na sede do órgão, cientificando-se o interessado se outro for o local de realização.**

Subtraído o "preferencialmente" e este preceito seria mais um sem utilidade no mundo real. Até porque muitos atos do processo, aqueles que exigem verificação *in loco*, são realizados fora da repartição.

Como eles, de regra são despachos exarados nas folhas dos autos, necessariamente acabam acontecendo dentro do expediente e da sede do órgão, estranhando-se quando ocorram fora e a ser justificado em cada caso.

Inspeções, interdições, apreensões, apurações *in loco* são atos externos e por sua natureza sucedem em outros locais que não seja a repartição pública.

Diz *in fine* do dispositivo que se tiver de acontecer fora da referida sede, obviamente o interessado terá de ser cientificado desse fato.

Os exames patológicos, documentoscópicos, de balística etc., são realizados em clínicas especializadas, laboratórios, ambientes materialmente distantes da sede do órgão que encaminha o processo que os reclamou.

Faz parte integrante desse dispositivo esclarecer o local, sua competência e sua capacidade para a verificação.

Rigorosamente, os atos do processo devem realizar-se nos autos do processo.

Capítulo XXVI
Comunicação do Atos

> CAPÍTULO IX — DA COMUNICAÇÃO DOS ATOS
>
> Art. 26. O órgão competente perante o qual tramita o processo administrativo determinará a intimação do interessado para ciência de decisão ou a efetivação e de diligências.
>
> § 1º A intimação deverá conter:
>
> I – identificação do intimado e nome do órgão ou entidade administrativa;
>
> II – finalidade da intimação;
>
> III – data, hora e local em que deve comparecer;
>
> IV – se o intimado deve comparecer pessoalmente, ou fazer-se representar;
>
> V – informação da continuidade do processo independentemente do seu comparecimento;
>
> VI – indicação dos fatos e fundamentos legais pertinentes.
>
> § 2º A intimação observará a antecedência mínima de três dias úteis quanto à data de comparecimento.
>
> § 3º A intimação pode ser efetuada por ciência no processo, por via postal com aviso de recebimento, por telegrama ou outro meio que assegure a certeza da ciência do interessado.
>
> § 4º No caso de interessados indeterminados, desconhecidos ou com domicílio indefinido, a intimação deve ser efetuada por meio de publicação oficial.
>
> § 5º As intimações serão nulas quando feitas em observância das prescrições legais, mas o comparecimento do administrado supre sua falta ou irregularidade.
>
> **Remissão:** art. 64, §§ 2º e 3º, do PCSS

O Capítulo IX cuida de aspecto relevante da procedimentalística: a comunicação da decisão do requerido, instrumento mediante o qual o requerente toma conhecimento de algum fato do processo que precisa saber e ser juridicamente cientificado.

Aparentemente, nesse momento não cuida da comunicação da decisão final, mas seus comandos aproveitam à hipótese.

O art. 26 especifica os itens do conteúdo da notícia e de alguns dos seus elementos.

Determinação da intimação

Quem determina a ciência ao titular, que o *caput* chama de órgão competente, é aquela mesma repartição pública que impulsiona o expediente administrativo.

Objetivo da intimação

Embora em ordem temporal invertida, a intimação terá por escopo: a) notificação de diligência e b) ciência de decisão interlocutória.

Características da decisão

O texto da notificação tem as mesmas características da decisão final ou de uma sentença judicial: a) descrição dos fatos relevantes que suscitaram a questão relatada na inicial; b) alegações deduzidas pelo interessado no requerimento; c) fundamentos legais apoiadores da pretensão; d) referência às provas produzidas; e) raciocínio da autoridade e razão de ser a notificação.

O § 1º estabelece o conteúdo dessa decisão, ferindo alguns dos seus principais aspectos, em seis incisos.

A primeira informação diz respeito à perfeita identificação do interessado, que é a pessoa que instalou o procedimento. A segunda delas se refere ao órgão impulsionador dos autos: título da repartição no ordenamento administrativo federal.

Um inciso VII deveria indicar a necessidade da assinatura do servidor ou da autoridade emitente da comunicação.

Diz o inciso II que carece indicar a finalidade da intimação que, em linhas gerais, é dar conhecimento ao interessado de uma decisão relevante que foi tomada e que influenciará a decisão final.

O inciso III exige, com precisão, a data do comparecimento, a hora em que isso deve suceder, o local onde o interessado deve estar presente para novos esclarecimentos ou apresentar reforço de provas.

A intimação especificará, em cada caso, a necessidade do comparecimento do próprio titular da pretensão ou que ele pode ser representado (inciso IV).

Essa notificação dirá que o expediente prosseguirá, ainda que o interessado não compareça (inciso V). Há casos, entretanto, em que o não comparecimento produzirá efeitos jurídicos contrários às conveniências do interessado.

Por último, conforme lembrado, prestará informação relativa aos fatos e aos fundamentos legais que envolvem a questão.

O § 2º é confuso e não esclarece um prazo de três dias que ele determina. Se ele será contado da data de emissão do documento ou, o que seria mais plausível, mensurado da data do recebimento da notificação. Como o próprio prazo é curso por excelência, ele deveria ser mais elástico para tornar possível a ampla defesa e o contraditório.

De todo modo, quer dizer que tem de ser passados pelo menos três dias depois da emissão.

As modalidades indicadas pelo § 3º da ciência da parte são quatro: a) ciência nos autos — convocada especificamente para isso ou presente, que é uma forma bastante técnica;

b) por via postal — carta enviada ao interessado com aviso de recebimento; c) telegrama — meio mais rápido e que terá de ter recibo; d) outro meio — a repartição pública enviará um entregador próprio ou terceirizado, via *e-mail* se assim autorizado pelo interessado.

Uma regra de ouro de todos esses instrumentos é que haja certeza de que o titular tomou ciência da decisão que foi tomada.

A tradição é que a última tentativa seja uma publicação em periódico de grande circulação, mas essa modalidade, conforme o § 4º, ficou restrita às hipóteses ali previstas.

O interessado deve manter atualizado o seu endereço para correspondência. Com a prova do recebimento do AR, ainda que não seja do interessado, atendido o devido processo legal (acórdão da 1ª Turma do TRF da 2ª Região, em 12.11.2010, na AC n. 412.800 - Proc. n. 2004.51.01.513.337, em que foi relatora a desembargadora *Maria Helena Cisne*).

O § 4º designa um tipo de interessado como sendo indeterminado (um, entre outros) e o desconhecido. Mas fica claro para esses e para aqueles cujo domicílio é indefinido, que a notificação se fará por publicação oficial.

Finalmente, o § 5º torna nula a ciência que não seguir as prescrições legais da LPAF. E também deixa claro que a presença do interessado suprirá eventuais falhas de comunicação, claro, se essa presença atender ao início do § 3º.

Capítulo XXVII
Efeitos da Não Notificação

> **Art. 27.** O desatendimento da intimação não importa o reconhecimento da verdade dos fatos, nem a renúncia a direito pelo administrado.
>
> **Parágrafo único.** No prosseguimento do processo, será garantido o direito de ampla defesa ao interessado.

Remissão: art. 5º, LV, da Carta Magna

Alhures afirma-se haver um relevante postulado procedimental: o processo administrativo busca a verdade material dos fatos (como se o judicial não o fizesse). Diante do papel mais formal do processo judicial, essa é sempre uma informação adequada, mas intrigante.

O art. 27 dispõe sobre os efeitos jurídicos supervenientes em face do não comparecimento do interessado à sede da repartição pública que o convocou ou sobre o descumprimento de uma providência que poderia ser tomada sem necessidade desse comparecimento.

Sem fazer distinção quanto ao tipo da motivação, que pode ser simples, relevante ou decisiva, o preceito queda-se como uma mera carta de intenções.

O texto assevera que a ausência não garante a definição da verdade dos fatos que foi alegada pelo interessado (ao contrário, realmente dificultaria a apuração). Quer dizer, a instrução permanece no mesmo estágio em que se encontrava antes da intimação. Mas tem de ficar claro que algumas exigências fundamentais podem ser decisivas para a decantação do direito que está sendo discutido.

Garante, ainda, que isso não significa a renúncia do direito do requerente. Em decorrência não haveria, pois, abdicação, desistência ou abandono, tão somente a impossibilidade de comparecimento, desinteresse pontual ou confiança nas provas já apresentadas.

A preservação do parágrafo único assevera uma obviedade derivada da Carta Magna: o direito constitucional da ampla defesa, tendo se esquecido do contraditório.

Ambas as pretensões são asseguradas todo o tempo de instrução, especialmente quando da decisão, depois dela e até o arquivamento do processo. E, *a fortiori*, quando de processo judicial.

Essa redação dá a falsa impressão de que somente após a intimação é que essas garantias constitucionais deveriam ser observadas, mas, seguramente como adiantado, serão preservadas todo o tempo.

Capítulo XXVIII
Objeto da Notificação

> Art. 28. Devem ser objeto de intimação os atos do processo que resultem para o interessado em imposição de deveres, ônus, sanções ou restrição ao exercício de direitos e atividades e aos atos de outra natureza, de seu interesse.
>
> **Remissão:** art. 68 da LPAF

No curso da instrução do exame de uma pretensão deduzida perante a Administração Pública podem emergir incidentes que precisam ser resolvidos e que podem prejudicar a solução final, se não atendidos.

Às vezes, essas interlocuções são provocadas pelo próprio interessado que aduziu informações, juntou provas novas (LPAF, art. 38), pareceres ou argumentos que interferem na instrução.

Se não poderiam ser resolvidas por ocasião do contato pessoal entre o interessado e o órgão gestor, elas têm de se compor formalmente, restando documentadas as solicitações e as respostas dadas pelo interessado.

É consabido que os pedidos de benefícios na Previdência Social e as Notificações Fiscais da RFB, do ponto de vista prático, só restam inteiramente instruídos visando à verdade, em muitos casos, somente quando os autos aportam ao CRPS ou ao CSRF.

Campo de atuação

Diante da sua generalidade (arrola alguns itens e depois *in fine* abre para quase tudo), o dispositivo talvez se preste apenas para se tentar definir o que não deve ser objeto de intimação.

Em todo o caso, o art. 28 relaciona cinco hipóteses que não deixam margem à dúvida.

Imposição de deveres

Dever é uma obrigação de fazer ou de se abster. No caso, possivelmente, reforçar a prova antes apresentada, por vezes de prestar mais esclarecimentos.

Ônus pecuniário

Diante da presença dos "deveres" elencados anteriormente, o vocábulo "ônus" deve ser entendido como sendo o atendimento de alguma obrigação financeira.

Sanções pessoais

Sanções dizem respeito à diminuição de direitos, modalidade de punições que podem ser de variada ordem (LPAF, art. 68).

Restrição de direitos

Os direitos cogitados são substantivos e adjetivos. Existem casos em que os interessados serão informados da decadência, da preclusão ou da prescrição.

Restrições de atividades

São as limitações pessoais e profissionais, a que ficam sujeitas as pessoas.

Atos gerais

Por último, em verdadeira vala comum, em que cabe tudo, comparecem "os atos de outra natureza de seu interesse", dificilmente não alcançados pelas dicções anteriores.

Capítulo XXIX
Ação de Ofício e por Impulsão

CAPÍTULO X – DA INSTRUÇÃO

Art. 29. As atividades de instrução destinadas a averiguar e comprovar os dados necessários à tomada de decisão realizam-se de ofício ou mediante impulsão do órgão responsável pelo processo, sem prejuízo do direito dos interessados de propor atuações probatórias.

§ 1º O órgão competente para a instrução fará constar dos autos os dados necessários à decisão do processo.

§ 2º Os atos de instrução que exijam a atuação dos interessados devem realizar-se do modo menos oneroso para estes.

Remissão: arts. 29/47 da LPAF

Nos seus arts. 29/47 a LPAF dispõe sobre a instrução da decisão. São 18 artigos que disciplinam os diferentes aspectos do andamento dos autos do processo, em poucas palavras, como o titular de um direito expressa a sua disposição de ver a sua pretensão assegurada, atendida e exercitada perante a Administração Pública.

Promoção das averiguações

Assevera o *caput* que a repartição pública deverá averiguar os fatos relatados no pedido de atuação do órgão competente, que quer dizer certificar-se das afirmações, mediante pesquisas internas e externas.

Comprovação dos fatos

Constatados tais fatos eles devem ser comprovados formalmente, mediante termos e, se for o caso, formalmente certificados nos autos.

Tipos de expedientes

O expediente corporificado nos autos tem nascimento mediante duas modalidades: a) de ofício — por intermédio de iniciativa do ente gestor, como é o caso de uma Notificação Fiscal e b) por impulsão de terceiros — geralmente pelo próprio interessado.

Ação de ofício

Diz-se de ofício os atos praticados pela repartição pública, que se iniciam com uma comunicação, uma declaração ou uma notificação. A iniciativa é inteiramente da repartição pública e, como contradição do alegado, não ilide a produção de provas por parte do interessado.

Impulsão interna

Na figura da impulsão, a iniciativa é do interessado, que deflagra o processo a ser impulsionado pela Administração Pública.

Atuações probatórias

Quando das ações de ofício, é assegurado o direito do informado de contestar as alegações da comunicação mediante provas a serem produzidas nos autos.

Preocupado com o aspecto mais importante da instrução, que é a decisão tomada ao seu final, o § 1º impõe a presença dos dados necessários a essa decisão. Assim sendo, no mínimo um processo conterá:

a) Requerimento formal do pedido

b) Provas apresentadas, próprias ou emprestadas

c) Diligências promovidas *in loco*

d) Intimações realizadas

e) Resultado de perícias necessárias

f) Oitiva de órgãos consultivos

g) Juntada de memoriais e pareceres

h) Fundamentos legais alegados

i) Citação de jurisprudência

j) Reprodução da doutrina

k) Resposta à consulta

l) Resultado de audiência pública

m) Declarações de impedimento ou suspeição

n) Apreciação das razões e das provas

o) Raciocínio de encaminhamento da decisão

O § 2º fixa regra não muito clara e, *ipso facto*, se torna inócua por sua fluidez. Diz que a atuação dos interessados deve lhe custar o mínimo possível. Nesse sentido, as entidades estatais não deveriam cobrar pela elaboração de laudos técnicos, exames laboratoriais e perícias.

Capítulo XXX
Provas Ilícitas

> Art. 30. São inadmissíveis no processo administrativo as provas obtidas por meios ilícitos.

O art. 30 é categórico, sintético e insofismável: as provas obtidas por meios ilegais não valem nos autos do processo público. Se um filme obtido sem autorização dos filmados for considerado ilegal por conta da forma de sua apreensão, ele não se presta para evidenciar sobre o que está nele contido.

Gravações obtidas ilegalmente não têm validade. Meios de convencimento furtados ou roubados não têm poder de persuasão.

Evidentemente esse é um postulado universal e que também experimenta valia no processo judicial.

Provas e meios ilícitos

Inicialmente cabe fazer uma distinção necessária: a) prova ilícita e b) prova ilicitamente obtida. Igual distinção cabe na contraprova.

A prova ilícita não tem qualquer validade, resultando da sua falsidade ideológica. Uma declaração falsa ou adulterada é ilícita e não tem valor. Uma foto montada não tem poder persuasivo.

Efeitos das provas ilicitamente obtidas

Uma prova obtida ilicitamente continua sendo uma prova boa ou não e em princípio não há porque rejeitá-la. Se a obtenção foi irregular, que o autor seja responsabilizado por isso, sem se chegar a pôr em dúvida a validade do documento.

Quem não as aceita é porque confunde a disposição de punir o infrator com a validade do documento. Uma joia autêntica roubada continua sendo uma joia e o autor da ação delituosa deve ser responsabilizado. Tais ideias devem ser sopesadas diante do fato de que as provas do trabalhador nem sempre estão à sua mão e muitas vezes o seu direto perece por conta disso.

Capítulo XXXI
Consulta Pública

Art. 31. Quando a matéria do processo envolver assunto de interesse geral, o órgão competente poderá, mediante despacho motivado, abrir período de consulta pública para manifestação de terceiros, antes da decisão do pedido, se não houver prejuízo para a parte interessada.

§ 1º A abertura da consulta pública será objeto de divulgação pelos meios oficiais, a fim de que pessoas físicas ou jurídicas possam examinar os autos, fixando-se prazo para o oferecimento de alegações escritas.

§ 2º O comparecimento à consulta pública não confere, por si, a condição de interessado do processo, mas confere o direito de obter da Administração resposta fundamentada, que poderá ser comum a todas as alegações substancialmente iguais.

Hipótese de ocorrência

A consulta pública não é um instrumento do cotidiano; ela somente se justifica na hipótese legal do *caput* do art. 31.

Interesse geral

Para ser suscitado esse meio é preciso que esteja caracterizado o interesse geral, isto é, que o tema seja de interesse coletivo, envolva mais pessoas em igualdade de situação.

Se o INSS pensa restringir o direito à pensão por morte dos aposentados com idade avançada que se casam com mulheres muito jovens, ele poderá promover uma discussão, ouvindo pessoas físicas e jurídicas quanto à eventual limitação de direitos.

Providência facultativa

A decisão é da Administração Pública, que detém o poder de império de aprová-la sem embargo de as pessoas físicas ou jurídicas a suscitarem. Não há direito subjetivo de pretender a sua realização contra a vontade do administrador.

Meio deflagrador

Por intermédio de um despacho nos autos do processo, devidamente fundamentado, a autoridade impulsionadora decidirá pela realização da consulta pública.

Elementos da convocação

A convocação das pessoas interessadas no tema, que não se confunde com o interessado no processo, se fará pela publicação de um edital nos órgãos oficiais, que conterá:

a) Autoridade emissora

b) Número e data da portaria de divulgação

c) Justificação da decisão

d) Conteúdo mínimo

e) Destinatários

f) Explicitação clara do tema

g) Duração do período

h) Endereço para resposta

i) Assinatura da autoridade

Distinção da audiência pública

A consulta pública não se confunde com a audiência pública, que é mais formalizada, realizada em aberto, perante plateia, contando com a participação de especialistas na matéria (LPAF, art. 32).

Manifestação de terceiros

As opiniões provirão de outras pessoas que não o interessado, propriamente dito, no processo.

Momento da realização

Uma consulta pública, obviamente, ocorrerá antes da decisão final do processo.

Extensão a outros interessados

As conclusões da consulta pública dizem respeito a outros interessados, cujos processos estejam em andamento ou venham a ser deflagrados.

Prejuízo para o interessado

O processamento da consulta pública se dará de modo que não cause prejuízo ao interessado que a suscitou, especialmente provocando dilação da instrução da decisão final.

Conceito genérico

Consulta pública é um instrumento democrático de debate de uma questão que interessa a muitas pessoas, mediante a qual o administrador ouve as alegações escritas de pessoas físicas ou jurídicas a respeito de um tema sobre o qual terá de decidir. Em apartado, tais respostas farão parte dos autos do processo e serão levadas à consideração da autoridade depois de sumariadas.

Devidamente divulgada nos meios de comunicação, uma vez aberta a consulta pública, os autos do processo ficarão à disposição de quem queria examiná-los para inteirar-se do questionamento e poder formular as suas alegações, dentro do prazo antes estabelecido.

Conforme o § 2º do art. 31, participar da consulta pública não significa que o inscrito se tornou um interessado naquele processo. Ele será um interessado no tema, na solução do tema, mas não nos autos do processo.

Entretanto, ele fará jus à resposta fundamentada da Administração Pública que lhe servirá como se fosse uma consulta simples (art. 46 do Decreto n. 70.235/1972). Esse § 2º autoriza a emissão dessa resposta de forma padronizada quando houver consenso a respeito da solução adotada.

Capítulo XXXII
Audiência Pública

Art. 32. Antes da tomada de decisão, a juízo da autoridade, diante da relevância da questão, poderá ser realizada audiência pública para debates sobre a matéria do processo.

Remissão: art. 58, § 2º, II da Carta Magna
Lei n. 9.868/1999
art. 39 da Lei n. 8.666/1993
art. 27, parágrafo único, IV da Lei n. 8.625/1993 (LOMP)
art. 90, II, do RI do Senado Federal
art. 256 do RI da Câmara dos Deputados

Surpreendendo, ocupando menos espaço normativo que o instrumento anterior, em dicção sintética a LPAF disciplina a audiência pública. Pela sua natureza, por todos tem sido julgada mais importante que a consulta pública.

Rigorosamente, sua amplitude permite que seja deflagrada fora de um processo em andamento, quando o governo se der conta da sua importância para a solução de um problema que interessa a coletividade.

Embora sem os mesmos desdobramentos jurídicos, nada impede a realização de audiências públicas privadas, ou seja, organizadas pela iniciativa privada.

Conceito básico

Audiência pública é uma reunião formal da autoridade com os especialistas de determinada matéria para debaterem ideias de interesse geral, deflagrada num processo administrativo ou por outros interessados, procedimento técnico mediante o qual são estudados os aspectos de assunto relevante a serem sumariados em conclusões finais do encontro.

Posição doutrinária

Para Evanna Soares "é uma das formas de participação e de controle popular da Administração Pública no Estado Social e Democrático de Direito" ("A audiência pública no processo administrativo", disponível em julho de 2002 *in* Jus Navigandi).

Citada pela mesma Evanna Soares, Maria Sylvia Zanella di Pietro a elege como um princípio da participação popular na gestão da Administração Pública (ob. cit.).

Também mencionado por Evanna Soares, Diogo Figueiredo Moreira Neto diz que é "um instituto de participação administrativa aberta a indivíduos e a grupos sociais determinados, visando à legitimação administrativa, formalmente disciplinada em lei, pela qual se exerce o direito de expor tendências, preferências e opções que possam conduzir o Poder Público a uma decisão de maior aceitação conceitual".

Aspectos formais

A audiência pública é um ato administrativo amplo, aberto ao público, sob a coordenação de uma autoridade, uma reunião realizada com abertura solene, apresentação do tema, exposição do seu conteúdo, manifestações pessoais dos convidados, debates entre os convidados, votações e conclusões.

Características básicas

Uma audiência pública já tem alguma tradição, mas é ainda pouco conhecida da população e nem sempre é exercitada pela administração.

a) Facultatividade — Ela não se constitui em direito subjetivo do cidadão; ainda que ele possa suscitá-la e até mesmo requerê-la, deve aguardar a iniciativa da repartição pública. Às vezes, é a lei que determina a superveniência da audiência pública, como aconteceu com a Lei n. 12.345/2010, cujo art. 2º manda isso acontecer para disciplinar a instituição de datas comemorativas.

b) Iniciativa — Provocada pela sociedade ou de ofício, as primeiras providências, como a da escolha do local em que serão realizados os atos correspondentes e a escolha dos convidados participantes e assistentes, pertence à autoridade pública.

c) Natureza jurídica — Trata-se de um órgão auxiliar da administração na obtenção de informações e conclusões sobre um tema escolhido para o debate. Resume-se a ser um ato público de consulta popular que, de alguma forma, vincula o órgão público.

Não é uma audiência judicial e o coordenador que a dirige não é um juiz. Além dos convidados, na medida do possível, o público tem de participar ainda que apenas verbalmente. É uma participação do povo nas decisões da Administração Pública.

d) Escolha da temática — Uma primeira providência é a escolha do tema, sua descrição e sua delimitação, com fixação da pauta das discussões.

À evidência, o assunto pressupõe a relevância da questão.

e) Divulgação prévia na mídia — O ato público, em local de fácil acesso urbano, reclama a mais ampla divulgação na mídia.

f) Ato normativo — A autoridade fará publicar nos meios oficiais o ato constitutivo da audiência pública, que conterá o mínimo para a compreensão da ocorrência.

g) Ordem dos trabalhos — Importa que os interessados sejam previamente informados da ordem dos trabalhos, com a fixação do tempo de exposição dos convidados, possibilidade de apartes, levantamento de questões de ordem, réplicas etc.

h) Documento básico — O ideal é fornecer aos inscritos um documento básico que conterá uma breve noção do que seja o ato, a questão escolhida para os debates, a reprodução da legislação básica, alguma posição doutrinária e trabalhos trazidos para divulgação por parte dos convidados.

i) Convidados — Devem ser convidadas autoridades públicas, autores, professores e especialistas na matéria, todos notórios conhecedores.

j) Papel — Sempre que a Administração Pública pretenda restringir direitos do indivíduo, este deve ser previamente ouvido, para que o ato governamental resultante atenda adequadamente ao interesse público.

k) Forma de realização — A audiência pública solenemente aberta pela autoridade segue-se com a apresentação do tema e na ordem da pauta, bem como as apresentações dos convidados.

Depois de encerrados os debates os itens serão encaminhados à votação. No final, a secretaria redigirá as conclusões finais.

l) Vínculo da administração — A Administração Pública vincula-se à decisão tomada na audiência pública, orientando-se conforme as suas conclusões.

m) Direção da autoridade — A sessão da reunião será formalmente coordenada por servidor indicado pela autoridade da repartição pública que promove o evento.

n) Função do coordenador — O coordenador preside a reunião com autoridade máxima de dirigente, mas sem direito a voto.

o) Conclusões — Findos os debates serão colocadas em votação as conclusões da audiência pública.

p) Relatório do coordenador — A secretária da audiência pública redigirá uma ata da reunião.

q) Comunicação final — Os resultados da reunião devem ser comunicados às autoridades superiores pertinentes e à mídia.

Capítulo XXXIII
Outros Meios de Consulta

Art. 33. Os órgãos e entidades administrativas, em matéria relevante, poderão estabelecer outros meios de participação de administrados, diretamente ou por meio de organizações e associações legalmente reconhecidas.

Remissão: art. 35 da LPAF

art. 46 do Decreto n. 70.235/1972

Pressuposto da relevância

As três hipóteses configuradas pela LPAF (consulta pública, audiência pública e, agora, outras consultas) sempre exigem relevância da questão proposta, um critério preferivelmente objetivo da autoridade. Pressupõe, à evidência, a humildade necessária da autoridade para pretender abrir o debate à população.

Outras modalidades

Excetuada a hipótese do art. 35, são permitidas outras modalidades de consulta popular, plebiscito, inquérito, censo etc.

Presença dos administrados

A participação do cidadão pode ser direta, ou seja, pessoal, ou indireta, por intermédio de sindicatos, associações, entidades representativas dos interessados.

Audiência privada

Nada impede que estudos formulados por particulares, grupo de estudos, entidades, associações, sejam solicitados ou espontaneamente encaminhados à Administração Pública. Ouvir o povo é muito importante; daí nasce a certeza de que o cidadão apoiará a medida e a observará.

Cerca de um milhão de assinaturas foram encaminhadas ao Congresso Nacional para que disciplinasse a situação jurídica dos candidatos, movimento conhecido como Ficha Limpa.

Capítulo XXXIV
Vínculo das Consultas

> Art. 34. Os resultados da consulta e audiência pública e de outros meios de participação de administrados deverão ser apresentados com a indicação do procedimento adotado.

É possível que este texto devesse ser redigido ao contrário: que os resultados mencionarão obrigatoriamente a consulta que precedeu a sua aplicação. Até porque a execução prática pode demandar tempo.

Mas, como está redigido o preceito, não se sabe quando e a quem serão apresentados os resultados. Como antecipado, o adequado parece ser a Administração Pública, quando da utilização prática do que aprovado, divulgar a origem das soluções da aludida consulta.

Se sua origem é um processo em andamento, então se fará consignar nos autos o relatório final da reunião, quando isso importar para a solução que foi adotada.

Este dispositivo e os anteriores são uma demonstração do reconhecimento do legislador que o governo não pode tudo e que ele tem de ouvir a população. A complexidade da vida moderna exige que sejam auscultados os interessados. Em cada segmento das relações sociais diariamente surgem problemas, dúvidas, questionamentos, que têm de ser resolvidos pelas autoridades.

A solução de muitíssimos problemas da previdência social pode ser indicada a partir de decretos presidenciais, portarias ministeriais e ordens de serviços, sem ter de acionar o Parlamento.

A AGU vem baixando súmulas de grande relevo que orientam a Administração Pública.

Recentemente a CONJUR/MPS emitiu o Parecer n. 616/2010, em que foram definidas 28 posições administrativas.

Capítulo XXXV
Oitiva de Outros Órgãos

> Art. 35. Quando necessária à instrução do processo, a audiência de outros órgãos ou entidades administrativas poderá ser realizada em reunião conjunta, com a participação de titulares ou representantes dos órgãos competentes, lavrando-se a respectiva ata, a ser juntada aos autos.

A multiplicidade, a complexidade e às vezes o ineditismo dos problemas trazidos à Administração Pública e a interdisciplinaridade dos fenômenos enfrentados, no comum dos casos obriga a uma diversidade de pesquisas, pluralidade de aconselhamento e a oitiva de outros segmentos das entidades governamentais.

Imprescindibilidade da reunião

Na organização estatal moderna estrutura-se o ordenamento com Ministérios, cada um deles incumbido de um programa de governo e sob a direção geral da Presidência da República, de sorte que essas atribuições estejam bem direcionadas em atos normativos. Mas, dada a sua natureza, essas entidades se interrelacionam diuturnamente.

O MPS tem muitas ligações diretas com o Ministério do Trabalho e Emprego e indiretas com o Ministério da Saúde, daí serem comuns Instruções Normativas Interministeriais tratando da aposentadoria especial.

Em razão da linha de arrecadação e fiscalização da RFB, o INSS está intimamente envolvido com o Ministério da Fazenda.

Naturalmente, tudo o que diz respeito às normas regulamentadoras do trabalho da Lei n. 6.514/1977 une o MTE ao MS.

Nesse sentido o administrador deve eleger os casos que justifiquem a reunião de esforços para que sobrevenha a reunião regulamentada no art. 35 da LPAF.

Ente público proponente

O ente impulsionador da reunião consultiva é aquele que está dando andamento ao processo ou que enfrenta dificuldades para decidir sobre outra questão de interesse geral.

Oitiva de órgãos externos

Embora a lei fale em audiência o que ela quis dizer é oitava de terceiros da Administração Pública, preferivelmente membros de consultorias técnicas e quando se tratar de questões jurídicas, dos procuradores.

Órgãos participantes

Podem participar os órgãos da Administração Pública direta ou indireta, as fundações e as entidades governamentais. De modo geral, o resultado da reunião pode interessar a todos eles.

Reunião conjunta

A reunião será ministerial e com a presença de dois ou mais órgãos do mesmo Ministério ou entidade ou ser interministerial, então contando com servidores de outros Ministérios ou entidades.

Sede da reunião

Ela dar-se-á na sede da proponente, no local de uma das outras repartições públicas envolvidas ou até mesmo em outro sítio, aquele que for mais conveniente para a realização dos trabalhos.

Pessoas físicas participantes

Comparecerão os titulares dos cargos ou seus representantes, dos diferentes órgãos interessados, contando preferencialmente com a de presença de servidores especializados na matéria.

O preceito não menciona convite a um estranho à Administração Pública nem mesmo o interessado no processo, mas nada impede essa iniciativa.

Formalidade da reunião

Da mesma forma como a audiência pública, a reunião será solene, formalmente dirigida pelo representante da repartição pública que a promoveu, embora não conte com terceiros.

Elaboração de ata

O secretário da reunião, possivelmente originário do órgão que a suscitou, redigirá uma ata circunstanciada em que relatará os nomes dos participantes e dos órgãos presentes, os principais fatos ocorridos e a conclusão final.

Juntada aos autos

Elaborada em duas vias, a primeira delas será apensada aos autos do processo que a provocou.

Capítulo XXXVI
Ônus da Prova

> **Art. 36.** Cabe ao interessado a prova dos fatos que tenha alegado, sem prejuízo do dever atribuído ao órgão competente para a instrução e do disposto no art. 37 desta Lei.

Remissão: art. 5º, LV, da Carta Magna
arts. 212/232 do CC
arts. 332/443 do CPC
arts. 818/830 da CLT
art. 37 da LPAF
art. 55, § 3º, do PBPS
arts. 142/151 do RPS
arts. 119/126 da IN INSS n. 20/2007

Embora singelo em sua redação o art. 36 da LPAF apresenta três afirmações categóricas, a primeira delas, de caráter lapidar: a) quem alega deve provar o alegado; b) a Administração Pública também se obriga a fazer alguma demonstração; e c) algumas provas estão na posse da própria repartição pública e devem ser consultadas ou fornecidas.

A primeira e principal afirmação não é absoluta. Às vezes a Administração Pública costuma atribuir ao interessado o dever de provar quando essa obrigação é sua; a inversão do ônus da prova por parte do INSS é costumeira em relação a segurados e dependentes. Quando da suspensão do pagamento de benefício sob suspeita de fraude, essa autarquia federal costuma onerar o titular, com o ônus de provar fatos sobre os quais não detém poder.

Como o órgão público deve instruir o processo, ele se onera com várias obrigações próprias dessa impulsão.

O mencionado art. 37, com se verá no próximo capítulo, se refere a provas emprestadas.

Prova é um tema vastíssimo, talvez o mais importante em direito processual e procedimental, assunto praticamente inesgotável e que comporta uma exposição mais demorada (*A Prova no Direito Previdenciário*. 2. ed. São Paulo: LTr, 2009). Neste momento consideramos apenas os seus principais elementos, que enfatizam a demonstração operada na própria Administração Pública.

Ônus da prova

Efetivamente, quem alega tem o dever de provar, ainda que seja a Administração Pública com todo o seu poder de império. Após a instrução do pedido, quando não é emitida uma CND, o órgão expedidor deve evidenciar a inadimplência do contribuinte que a solicitou e não forçá-lo a provar que está em dia.

Embora seja filiado e inscrito obrigatoriamente e contribua compulsoriamente, ainda assim o segurado carece demonstrar que se filiou e se inscreveu (o que não é tão difícil) e que contribuiu, às vezes por 35 anos, mas num período de sua vida profissional que pode chegar a 50 anos. Lembrando-se que no comum dos casos poucas provas lhes são entregues e ficam com ele.

Ônus recursal

No tocante à incapacidade tem-se uma situação singular: solicitado um benefício o órgão gestor examina o pretendente e decide; logo, a prova não é promovida pelo interessado que alegou estar incapaz. Se a pretensão é denegada ele se vê obrigado a fazer a demonstração dessa inaptidão.

Registros administrativos

Com a implantação do CNIS, a evidência do vínculo empregatício, dos salários de contribuição e do recolhimento da contribuição fica nas mãos da DATAPREV.

Curiosamente, beneficiária de uma presunção relativa, a CTPS perdeu poder probante depois do Decreto n. 4.032/2001.

Perícia médica

O exame pericial a que é submetido o segurado ou dependente é uma prova produzida pela Administração Pública que faz parte dos autos do processo.

Meios nas mãos do empregador

O aplicador da norma deve considerar que a maioria das provas está sediada na empresa e daí as dificuldades para a obtenção da aposentadoria especial. Como o LTCAT criaria problemas para o empregador, foi criado o PPP.

Prova emprestada

Se a prova não está nas mãos de outra pessoa, por exemplo, num órgão público, ela tem de ser requisitada para a instrução do processo.

Dificuldades do convencimento

Quem examina uma prova deve lembrar-se de que o trabalhador rural e o empregado doméstico têm enormes dificuldades para provar o seu trabalho.

Interpretação da persuasão

Não existe uma regra específica invocável para o tipo de exegese da prova, mas quando do seu exame é preciso distinguir custeio de benefício.

Demonstração hodierna

Em muitos casos o convencimento deve ser hodierno e por isso se equivoca o RPS quando impossibilita a demonstração se o segurado não preenche os requisitos legais.

Presunções válidas

Às vezes, a prova é dispensada sendo suplantada por uma presunção legal, relativa ou absoluta.

O recolhimento das contribuições, o constante na CTPS são exemplos de admissões *a priori*. Presume-se a adimplência de quem tem seguidas CND.

Convicção impossível

Em muitos casos a prova é impossível e, portanto, não pode ser exigida.

Dispensa da prova

Quando se tratar de fato público e notório a prova é dispensada.

Documento comprobatório

Diferentemente do que sucede no Direito do Trabalho, no Direito Previdenciário a prova documental é a rainha das provas.

Prova pericial

Tecnicamente, não é lícito a ninguém pôr em dúvida a capacidade profissional, prova pericial promovida pela Justiça, exceto no campo processual.

Prova testemunhal

Excetuado se juntado um início razoável, a Previdência Social se recusa a aceitar prova acatada exclusivamente com o depoimento testemunhal.

Contraprova

A contraprova admitida no processo administrativo é bastante comum.

Início de prova

O início de prova é um indício material, um meio razoável que isoladamente não tem poder de convicção, mas que adquire essa capacidade de convencimento quando mais de um deles.

Justificação administrativa

A legislação contempla a possibilidade de realização de um procedimento administrativo conhecido como Justificação Administrativa (JA).

Justificação judicial

A justificação judicial é um meio probante com extraordinária aceitação.

Momento da produção

De regra, a prova deve ser feita quando de sua solicitação.

Prova na Justiça do Trabalho

Desacompanhada de início razoável material a prova feita na Justiça do Trabalho não costuma ser acolhida no INSS.

Afirmação negativa

Evidenciar um fato negativo é muito difícil e frequentemente só é viável mediante a convicção de um fato positivo.

Provas contra o titular

O direito brasileiro não admite a exigência de prova contra o próprio interessado.

Capítulo XXXVII
Provas da Administração

Art. 37. Quando o interessado declarar que fatos e dados estão registrados em documentos existentes na própria Administração responsável pelo processo ou em outro órgão administrativo, o órgão competente para a instrução proverá, de ofício, à obtenção dos documentos ou das respectivas cópias.

Remissão: art. 26 da Lei Estadual de SP n. 10.177/1998

O art. 37 da LPAF formula um meio de prova específico que aciona a própria administração impulsionadora do expediente para fornecê-la, independentemente de uma eventual solicitação direta do interessado a outro órgão público.

Declaração do interessado

Para que isso aconteça é preciso que o titular da pretensão, quando da solicitação do bem jurídico, indique quais são essas provas do seu interesse e preferivelmente onde elas se encontram.

Muitos dos registros que dizem respeitos aos beneficiários da seguridade social se encontram na DATAPREV, que deverá cedê-los ao INSS.

Fatos registrados

Registros de fatos são consignações, anotações, averbações, certidões etc., pertinentes a ocorrências que envolvam o interessado. Embora assim seja praticado, existem casos em que a requisição terá de ser formulada pelo interessado. Em vez de um RPPS solicitar ao INSS uma CTC, quem deve fazê-lo é o segurado e uma vez obtida será levada ao RPPS.

Dados arquivados

Dados são elementos de toda ordem que estejam armazenados, como é o caso do salário de contribuição do segurado. A Caixa Econômica Federal possui registros importantes relativos a vínculos empregatícios constantes das guias de recolhimento do FGTS e que não fizeram parte do CNIS, mas podem comprovar período de filiação ao RGPS.

Registro em documentos

A Administração Pública requisitada ou outra repartição pública somente se obriga aos registros que possua.

Sede da guarda dos documentos

Registros que façam parte da Administração Pública são objeto do dispositivo. Se um segurado gozou um período de auxílio-doença e como esse período deve ser computado na aposentadoria, o INSS se vê obrigado a localizar os autos da concessão daquela prestação por incapacidade para que faça parte do processo em andamento.

Provimento da Administração Pública

A iniciativa de busca dos documentos que constituam provas de interesse do requerente é da entidade que impulsiona o processo. Pena que a lei não tenha fixado prazo para isso.

Cessão de documentos

Não só essas provas passarão a fazer parte dos autos do processo em andamento como terão de ser fornecidas ao requerente; ele pode estar pretendendo ingressar com uma ação na Justiça, caso não tenha sucesso na Administração Pública.

Fornecimento de cópias

Se o documento original não pode ser retirado da repartição pública, deverão ser fornecidas certidões ou cópias devidamente autenticadas.

Capítulo XXXVIII
Adução Interlocutória

Art. 38. O interessado poderá, na fase instrutória e antes da tomada da decisão, juntar documentos e pareceres, requerer diligências e perícias, bem como aduzir alegações referentes à matéria objeto do processo.

§ 1º Os elementos probatórios deverão ser considerados na motivação do relatório e da decisão.

§ 2º Somente poderão ser recusadas, mediante decisão fundamentada, as provas propostas pelos interessados quando sejam ilícitas, impertinentes, desnecessárias ou protelatórias.

O momento ideal para a juntada de provas e razões de toda ordem é o do protocolo da solicitação à Administração Pública, mas nem sempre isso é materialmente possível. Quem recebe uma Notificação Fiscal ou um Auto de Infração e impugna o lançamento do débito ou a ocorrência da ilicitude geralmente tem um prazo exíguo para a contestação, razão que leva o contribuinte a aduzir as provas *a posteriori*.

Em outros casos, diante da multiplicidade, complexidade ou ineditismo do questionamento, se vê obrigado a obter estudos sobre a matéria que não ficam prontos dentro do prazo da inconformidade.

Direito de postulação

Pontua o art. 38 da LPAF o direito de, *a posteriori* em relação à data do protocolo da solicitação, acrescer informações, argumentos e provas que não façam parte do pedido inicial.

Período da solicitação

Diz o preceituado que isso terá de ser compreendido entre o dia seguinte ao pedido e até a data da decisão.

Esse postulado conflita com a busca da verdade real, porque, em princípio, essa nova solicitação deveria ser possível a qualquer tempo. Crê-se que a composição desse conflito rege-se pela natureza da prova.

Se o fisco cobra uma contribuição e quando os autos da exigência fiscal estiverem no CARF, no ápice da hierarquia administrativa da Receita Federal, se o contribuinte localiza a guia de recolhimento da exação, com certeza terá de ser considerada, sob pena de o interessado se socorrer do Poder Judiciário para invalidar a coisa julgada administrativa.

Documentos juntados

A expressão "documentos" é amplíssima e significa qualquer direito que possa ser exprimido num papel ou em outro meio de identificação desse direito, podendo ser certidão, declaração, cheque, depoimento, formulário, impresso, fotografia, cópias de acórdão, reprodução de livro doutrinário, mapeamento de sinistros etc.

Pareceres jurídicos

Parecer é um estudo escrito formal elaborado por especialista na matéria em que o tema é objeto analisado por esse profissional (*Parecer jurídico — como solicitá-lo e elaborá-lo*. São Paulo: LTr, 2003). Uma versão menos formal é a Nota Técnica ou Resposta à Consulta expedida por técnicos.

Requisição de diligência

A requisição de diligência é um procedimento administrativo, às vezes praticado *sponte propria* da Administração Pública, que visa à apuração de fatos que se encontram externamente do órgão público.

Solicitação de perícias

Perícias são verificações averiguadas por peritos, pessoas profissionalmente habilitadas para isso.

A despeito da emissão do LTCAT e do PPP, no caso da aposentadoria especial, subsistindo dúvidas quanto à insalubridade do ambiente laboral, o segurado poderá requerer ao INSS um médico perito que visite a sede da empresa para informar as suas conclusões quanto a presença ou não de agentes nocivos físicos, químicos, biológicos, ergométricos ou psicológicos.

Novas alegações

Por último, o interessado poderá incrementar os argumentos apresentados na inicial, com novas razões jurídicas.

Quaisquer que sejam elas, lícitas, ilícitas ou ilicitamente obtidas, as provas terão de ser consideradas na instrução do processo, e constarem do relatório e da decisão.

Observado o § 2º, elas devem ser sopesadas, avaliadas em face da pretensão e jamais desconsideradas.

Uma prova é uma ação proativa, consiste numa afirmação (que pode ou não ser verdadeira), ela consta dos autos por uma razão de ser, convencer a autoridade do direito do pretendente. Portanto, não pode ser ignorada; o analista carece de verificá-la e, por assim dizer, de fazer a sua contraprova.

Anexada uma fotografia em que o segurado, uniformizado, com ferramentas nas mãos, aparece trabalhando e pairem dúvidas sobre a sua validade, não basta impugná-la com uma afirmação contrária. Terá de demonstrar a sua invalidade.

Se um documento datado de 1940 foi assinado com uma caneta marca "Bic", sabendo-se que ela foi introduzida em 1961 no Brasil, sobrevêm dúvidas sobre a validade do documento e será preciso determinar-se quando esse tipo de caneta começou a ser utilizado no nosso país. O ônus é da administração.

O § 2º, por tratar de provas, deveria se constituir num artigo próprio e não ser um parágrafo.

Fundamentada a decisão, as provas podem ser recusadas por serem: a) ilícitas; b) impertinentes; c) desnecessárias; ou d) protelatórias. O legislador aqui se esqueceu de recusar as provas obtidas ilicitamente.

Ilicitude

Como não fez distinção, supõe-se que estava se referindo a prova falsificada, adulterada, trazida aos autos de má-fé.

Impertinente

Seja simples, boa ou má e até exaustiva, se a prova não se presta à questão tratada nos autos ela deve se rejeitada.

Desnecessidade

Caso um fato já está comprovado e sobre ele não paira qualquer dúvida, não há porque reforçar a prova; ela é desnecessária, abundante, repetitiva. Isso não se confunde com o conjunto probatório, como é o caso de várias fotos, cartas ou outros documentos que, em conjunto, convencem terceiros.

Protelação da decisão

Uma prova cujo objetivo é apenas de desviar a atenção do observador não tem condição de ser aproveitada.

Capítulo XXXIX
Necessidade da Prova

> Art. 39. Quando for necessária a prestação de informações ou a apresentação de provas pelos interessados ou terceiros, serão expedidas intimações para esse fim, mencionando-se data, prazo, forma e condições de atendimento.
>
> Parágrafo único. Não sendo atendida a intimação, poderá o órgão competente, se entender relevante a matéria, suprir de ofício a omissão, não se eximindo de proferir a decisão.

Pode dar-se de a instrução reclamar maiores esclarecimentos, na forma de informações ou provas do direito alegado, a serem prestados pelos interessados ou terceiros. Julgando a autoridade que isso seja necessário, ela dará ciência a essas pessoas para que atendam tais exigências.

Isso demonstra que a LPAF, a despeito da inércia do requerente, tem interesse em culminar a instrução do processo e compor o dissídio.

Terá de fazê-lo por escrito, com ciência nos autos ou mediante correspondência em que ficará bastante clara a data da emissão, o prazo fatal, a forma de atendimento e eventuais condições.

Caso não sobrevenha resposta da intimação e segundo a conveniência da instrução, a Administração Pública poderá tentar suprir alguma falha existente.

De todo modo, o não atendimento dessa exigência não será pressuposto da ausência de decisão, uma vez que a Administração Pública é obrigada a ela.

Capítulo XL
Não Apresentação de Dados

> **Art. 40.** Quando dados, atuações ou documentos solicitados ao interessado forem necessários à apreciação de pedido formulado, o não atendimento no prazo fixado pela Administração para a respectiva apresentação implicará arquivamento do processo.
>
> **Remissão:** arts. 27 e 41 da LPAF

A despeito de tudo o que foi encaminhado por ocasião da solicitação da prestação administrativa, quando da instrução da ultimação da análise pode dar-se de se imporem novos elementos para o aperfeiçoamento da decisão.

Quando tais elementos forem relevantes para o processo, eles serão solicitados aos interessados.

Dados pessoais

Dados são registros jurídicos, materiais, numéricos, relativos ao requerente, como a prova da idade, o estado civil, um vínculo empregatício, o tempo de serviço, o valor do salário etc.

Atuação do solicitante

Em alguns casos é exigida uma narrativa do comportamento do autor do pedido. É claro, ação que interfira na decisão.

Documentos solicitados

Documentos é locução genérica que abarca toda sorte de provas.

Pode ser uma certidão, uma declaração, um laudo técnico, um diploma, enfim, algo que baseie a pretensão.

Conteúdo da solicitação

A solicitação é feita mediante intimação em que serão explicitados quais são os elementos necessários para o aperfeiçoamento da inscrição e, por conseguinte, da decisão. Essa intimação fixará o prazo para que o interessado preste as informações solicitadas.

Não atendimento

Sem justificativa para o descumprimento da solicitação, vencido o prazo, se ela não for atendida a Administração Pública decidirá pelo arquivamento dos autos sem se manifestar sobre o mérito do requerido.

Capítulo XLI
Intimação dos Interessados

> **Art. 41.** Os interessados serão intimados de prova ou diligência ordenada, com antecedência mínima de três dias úteis, mencionando-se data, hora e local da realização.
>
> **Remissão:** arts. 26/28 da LPAF

Como desenvolvido no Capítulo IX — Da Comunicação dos Atos (arts. 26/28), por vezes a instrução do processo reclama adução à manifestação inicial do autor.

Neste caso ele será intimado para completar as informações necessárias (que não estejam à disposição da Administração Pública).

Manifestação do órgão público

Sucedendo a hipótese em será emitida correspondência diretamente ao interessado para que satisfaça as exigências.

Nova prova

No mais comum dos casos o que se pede é uma prova ou reforço de prova.

Requisição de diligência

Na figura da requisição de diligência o autor é convocado a comparecer à referida tarefa, até mesmo para prestar informações.

Antecedência da intimação

O prazo entre a decisão da intimação e a data para o seu cumprimento na poderá ser inferior a três dias.

Elementos da intimação

A intimação compreenderá:

a) data;

b) hora; e

c) local da realização.

Capítulo XLII
Parecer do Órgão Consultivo

> Art. 42. Quando deva ser obrigatoriamente ouvido um órgão consultivo, o parecer deverá ser emitido no prazo máximo de quinze dias, salvo norma especial ou comprovada necessidade de maior prazo.
>
> § 1º Se um parecer obrigatório e vinculante deixar de ser emitido no prazo fixado, o processo não terá seguimento até a respectiva apresentação, responsabilizando-se quem der causa ao atraso.
>
> § 2º Se um parecer obrigatório e não vinculante deixar de ser emitido no prazo fixado, o processo poderá ter prosseguimento e ser decidido com sua dispensa, sem prejuízo da responsabilidade de quem se omitiu no atendimento.

Instalada a dúvida respeitada à matéria jurídica o órgão competente para o impulsionamento do processo levará em conta o ponto de vista da doutrina ou da jurisprudência que trata do assunto, constante ou não dos autos.

Em alguns casos terá de se louvar na oitiva de terceiros, especialistas naquele tema duvidoso. Então terá de acostar ao processo um parecer proveniente da própria Administração Pública.

Tal parecer conhece duas modalidades: obrigatório vinculatório e obrigatório não vinculatório. O primeiro deles obriga e tem origem em um ente da administração para isso estruturado.

A iniciativa dessa solicitação é da autoridade competente que julgará a necessidade dessa providência aperfeiçoadora da decisão.

Para certificar-se do acerto da decisão e na prática até para isentar-se de responsabilidades no futuro, o administrador se cerca da opinião de terceira pessoa, tida como abalizada para isso: um parecerista oficial.

Em casos particularíssimos, quando do enfoque de grandes indagações científicas, o administrador não está impedido de contratar a *opinio juris* de conceituados doutrinadores estranhos ao quadro de pessoal da Administração Pública.

Excetuada disposição em especial, o prazo para a emissão do parecer oficial é de 15 dias; em caráter particular, de maior complexidade, esse lapso de tempo pode ser elastecido.

Caso o parecer for do tipo vinculatório, a não emissão no prazo convencionado trará consequências para o processo, que ficará obstado no seu encaminhamento até que ocorra a apensação do documento.

Em alguns casos será evidente o prejuízo do interessado, podendo-se pensar no dano moral.

A norma aproveita o ensejo e fixa regra de responsabilidade pessoal do causador da demora, se o prazo for ultrapassado.

Ainda sendo responsabilizado o culpado, no caso de parecer obrigatório não vinculante, os autos do processo terão andamento e será decidido sem essa oitiva.

Capítulo XLIII
Laudo Técnico

Art. 43. Quando por disposição de ato normativo devam ser previamente obtidos laudos técnicos de órgãos administrativos e estes não cumprirem o encargo no prazo assinalado, o órgão responsável pela instrução deverá solicitar laudo técnico de outro órgão dotado de qualificação e capacidade técnica equivalentes.

Numa norma dispositiva intramuros diz o art. 43 da LPAF que a Administração Pública pode solicitar laudos técnicos a outros órgãos governamentais. Note-se que isso difere dos pareceres, na medida em que nesta última hipótese isso somente pode suceder no caso de dúvida jurídica.

Os laudos técnicos são elementos de convicção da Administração Pública e são obrigatórios em cada caso.

Nas hipóteses em que a cessão desses laudos técnicos possa criar dúvidas, o administrador não está impedido de solicitar mais um documento da mesma natureza.

No caso de inadimplência do prazo fixado pelo solicitante ele tem o poder de reeditar a medida e solicitar o parecer de outro órgão da Administração Pública, aquele que dispuser de condições para emiti-lo com eficácia equivalente.

Quando de aposentadoria especial, o INSS ou o regime próprio do servidor pode solicitar a emissão de um LTCAT para contrapô-lo ao PPP que foi apresentado pelo interessado.

Capítulo XLIV
Manifestação do Autor

> **Art. 44.** Encerrada a instrução, o interessado terá o direito de manifestar-se no prazo máximo de dez dias, salvo se outro prazo for legalmente fixado.

Remissão: Portaria MPS n. 323/2007
Decreto n. 70.235/1972

O art. 44 abre mais uma possibilidade de o interessado demonstrar o seu direito e, agora, antes da decisão final.

Rigorosamente, são alegações finais e que podem alterar a decisão. Ainda que possa oferecer as mesmas futuras razões, a manifestação não é o recurso previsto na LPAF.

Para que o preceito seja observado importa que o interessado tenha conhecimento dessa fase final e assim tome a iniciativa de reforçar os seus argumentos e provas.

Final da instrução

Para essa manifestação ocorrer é preciso que a Administração Pública entenda que pôs fim à instrução e que está em condições de tomar a decisão do processo.

Papel da abertura

O objetivo do art. 44 é permitir que sejam trazidas as últimas razões que o interessado possa ter e, assim, a decisão seja a mais adequada possível.

Alegações finais

Finalizada a instrução e depois da vista dos autos, o autor do pedido poderá acrescer argumentos e provas que, agora, julga serem necessárias. Com isso protela-se a decisão e ocorre uma sobrevida da instrução.

Prazo de dez dias

Cientificado da intimação para essas alegações finais, o interessado dispõe de dez dias para a sua apresentação. Saliente-se que esse prazo deve ser computado a partir da data do recebimento do Aviso de Recebimento (AR).

Prorrogação do prazo

A lei autoriza a dilação do prazo quando conste da lei, mas pelo princípio da busca da verdade, diante da complexidade da matéria, por decisão da Administração Pública e até por solicitação do interessado, o prazo de dez dias pode ser prorrogado.

Capítulo XLV
Providências Acauteladoras

> Art. 45. Em caso de risco iminente, a Administração Pública poderá motivadamente adotar providências acauteladoras sem a prévia manifestação do interessado.

O preceito apresenta dois conceitos que precisam ser esmiuçados à saciedade: a) o que seja risco iminente e b) quais são as providências acauteladoras.

Curiosamente, depois de consagrar a expressão "administração", nos primeiros 44 artigos, finalmente o legislador lembrou-se do vocábulo "Administração Pública", que é mais específica.

Pressuposto lógico

A aplicação do comando legal reclama a presença de um pressuposto a ser declarado nos autos do processo: a existência de um risco iminente. Fora dessa hipótese, não há como dar cumprimento ao dispositivo legal.

Risco iminente

Risco iminente é a possibilidade imediata de uma ocorrência, previsível ou não, mas da qual estão visíveis os indícios. É aquele que, se não forem tomadas providências, está para acontecer.

Em si mesmo o universo dos riscos é vasto e, em cada caso, a Administração Pública terá de ter a sensibilidade de prevê-los para que não causem maiores prejuízos às partes do processo.

Iniciativa da providência

A iniciativa das medidas é da repartição pública, mas se o autor do pedido tem conhecimento da ocorrência deflagradora ele pode suscitar essas medidas acauteladoras; o maior interessado é ele mesmo.

Motivação justificadora

Não pode a Administração tomar essas providências se não estiverem evidentes as causas determinantes, que se resumem ao perigo e não à ocorrência propriamente dita.

Providências acauteladoras

Providências acauteladoras são cuidados que visam proteger alguma coisa. Se algum bem, uma prova, o registro, os depoimentos, enfim, algum elemento que interessa à instrução do processo e definição do direito que está por perecer.

Capítulo XLVI
Vista dos Autos, Certidões e Cópias

> Art. 46. Os interessados têm direito à vista do processo e a obter certidões ou cópias reprográficas dos dados e documentos que o integram, ressalvados os dados e documentos de terceiros protegidos por sigilo ou pelo direito à privacidade, à honra e à imagem.
>
> Remissão: art. 5º, LV, da Carta Magna

Devido processo legal

À evidência o trâmite administrativo de qualquer solicitação deve observar o devido processo legal. Três elementos desse postulado dizem respeito à procedimentalística.

Vista dos autos

Os autos de um processo não caminham secretamente na repartição pública, ainda que cercados de medidas de segurança, de respeito aos direitos de cidadania da pessoa humana.

À exceção do impulsionador somente o interessado tem acesso aos autos e para isso ele tem direito de examinar o conteúdo do expediente administrativo. De examinar suas folhas dentro da repartição pública e, se for o caso, de pedir esclarecimentos de quem os exibe.

Vista dos autos quer dizer vê-lo, examiná-lo, poder auscultar as duas diferentes partes, provas etc., mas sem fazer quaisquer registros nas suas folhas. No máximo dar recibo de que os examinou.

Emissão de certidões

Diante de algum conteúdo de seu interesse o autor da ação pode requerer que sejam expedidas certidões. De regra, é muito comum que o principal pedido seja exatamente a emissão dessas certidões.

Cópias de documentos

O autor pode solicitar que a repartição pública tire cópias dos documentos que possam ser reproduzidos e divulgados ou que, devidamente garantida, lhe forneça esses papéis para que ele próprio os reproduza.

Observância do sigilo

Um ditame constitucional assegura a proteção ao sigilo pessoal, que é protegido contra a divulgação de informações que somente dizem respeito ao interessado.

Defesa da privacidade

Tudo que se referir à intimidade da pessoa humana não pode ser divulgado por ninguém. Os laudos médicos devem ser guardados em envelopes lacrados e somente os servidores autorizados têm acesso a eles.

Proteção da honra

A honra é um dos principais atributos do homem; em todos os casos deve ser preservada no processo administrativo.

Respeito à imagem

A imagem pública e a particular também são defendidas pela LPAF.

Capítulo XLVII
Relatório ao Órgão Decisor

> Art. 47. O órgão de instrução que não for competente para emitir a decisão final elaborará relatório indicando o pedido inicial, o conteúdo das fases do procedimento e formulará proposta de decisão, objetivamente justificada, encaminhando o processo à autoridade competente.

O art. 47 deixa claro que uma decisão administrativa não tem necessariamente de ser adotada pelo próprio órgão que instruiu o processo e que examinou a questão. Às vezes, quem envida a instrução não tem competência para tomar a decisão final. Então, nesse caso, têm-se dois órgãos: o que instruiu o processo e o que decide.

Conforme o disposto na norma, o ente instrutor que não pode decidir, ao final da instrução elaborará relatório circunstanciado em que prestará várias informações para que a autoridade competente possa ultimar a decisão final.

As informações são as seguintes:

a) Conteúdo do pedido — Exatamente o que constou do requerimento inicial. Tomado o vocábulo "pedido" como todo o contido na solicitação inicial.

b) Encaminhamento — Uma narrativa sintética e objetiva das diferentes fases da instrução, como a colheita de provas, depoimentos, acareações, diligências, perícias, inspeções, laudos técnicos, pareceres oficiais ou particulares, juntada de documentos, razões finais, contrarrazões etc.

c) Proposta de decisão — Minuta da possível decisão.

d) Encaminhamento do relatório — Despacho encaminhando o relatório do órgão instrutor.

Capítulo XLVIII
Dever de Decidir

> **CAPÍTULO XI — DO DEVER DE DECIDIR**
>
> **Art. 48. A Administração tem o dever de explicitamente emitir decisão nos processos administrativos e sobre solicitações ou reclamações, em matéria de sua competência.**

Assim como o Poder Judiciário assume esse ônus, a Administração Pública obriga-se a decidir sobre a questão que lhe foi perquirida; ela tem o dever de resolver todas as pendências que lhe foram suscitadas. Em relação à proposição apresentada não pode omitir-se, hesitar, transferir a responsabilidade ou deixar expressamente de se manifestar.

Numa palavra, decidir, como diz o dispositivo, é preciso que o faça explicitamente, sem deixar margem a qualquer dúvida.

Descabe a alegação de falta da instrução, dificuldades operacionais, incertezas quanto à matéria fática ou jurídica, ou não saber o que fazer.

Os processos são arquivados (o que é uma forma de resolvê-los) ou são decididos no tocante ao mérito.

Entender que não é competente é uma forma razoável de decidir.

Completada a instrução, a demora na ultimação da decisão é uma forma de não resolver o dissídio instaurado. Justiça tardia não é justiça.

Capítulo XLIX
Prazo para a Decisão

> **Art. 49.** Concluída a instrução do processo administrativo, a Administração tem o prazo de até trinta dias para decidir, salvo prorrogação por igual período expressamente motivada.

Remissão: art. 126 do PBPS
art. 3º do Decreto n. 70.235/1972

Como receio de desmoralizar a própria norma, o legislador não estabelece termo fatal para a duração da instrução; mas, uma vez concluída a apuração dos fatos e preparada para decidir, aí sim a decisão terá de ser tomada no prazo máximo de 30 dias.

Esse tempo pode ser duplicado, se existirem motivos válidos para isso e passará a ser de 60 dias.

Para o art. 4º do Decreto n. 70.235/1972, em matéria de processo administrativo fiscal, o servidor tem oito dias para praticar os atos procedimentais.

Se a disposição legal da LPAF não for cumprida e provada a não motivação para isso, não há previsão legal de sanção, mas o interessado poderá interpelar a Administração Pública ou até bater às portas do Poder Judiciário com uma ação mandamental.

No Direito Administrativo, o cumprimento dos prazos pela repartição pública parece não ter solução imediata.

Alhures sustenta-se que verdadeiramente os prazos são apenas para os advogados.

Capítulo L
Motivação Administrativa

CAPÍTULO XII — DA MOTIVAÇÃO

Art. 50. Os atos administrativos deverão ser motivados, com indicação dos fatos e dos fundamentos jurídicos, quando:

I – neguem, limitem ou afetem direitos ou interesses;

II – imponham ou agravem deveres, encargos ou sanções;

III – decidam processos administrativos de concurso ou seleção pública;

IV – dispensem ou declarem a inexigibilidade de processo licitatório;

V – decidam recursos administrativos;

VI – decorram de reexame de ofício;

VII – deixem de aplicar jurisprudência firmada sobre a questão ou discrepem de pareceres, laudos, propostas e relatórios oficiais;

VIII – importem anulação, revogação, suspensão ou convalidação de ato administrativo.

§ 1º A motivação deve ser explícita, clara e congruente, podendo consistir em declaração de concordância com fundamentos de anteriores pareceres, informações, decisões ou propostas, que, neste caso, serão parte integrante do ato.

§ 2º Na solução de vários assuntos da mesma natureza, pode ser utilizado meio mecânico que reproduza os fundamentos das decisões, desde que não prejudique direito ou garantia dos interessados.

§ 3º A motivação das decisões de órgãos colegiados e comissões ou de decisões orais constará da respectiva ata ou de termo escrito.

Além de articulados, sistematizados e fundamentados, os expedientes administrativos têm de ser motivados. Quer dizer, importa haver uma razão para a movimentação do dirigente; uma ação espontânea ou provocada pelo interessado.

Se o gerente de uma repartição pública altera o horário de atendimento ao público, ele deve explicar à população porque ocorre essa mudança, o que vem a ser e o que o levou a agir assim.

Ao mesmo tempo em que explicitados os motivos, de forma lapidar, assevera o art. 50 que a decisão carece de explicitar os fatos e os fundamentos da decisão do emissor.

Embora seja bastante genérica, a norma não é absoluta e admite hipóteses em que os pressupostos (por ela elencados), não sejam necessários. Ela lista oito circunstâncias, bastante abrangentes, que têm de ser observadas (incisos I/VIII).

A motivação não se situa na esfera subjetiva do servidor; quando posicionada internamente na repartição pública, ela carece de ter publicidade, chegar ao conhecimento do cidadão, atingido ou não pela decisão.

Por isso, há tempos, em muitos casos os atos normativos vêm acompanhados de vários considerandos iniciais, atendendo-se à preocupação da LPAF.

O inciso I trata de restrição de direitos e interesses: negativa, limitação, afetação.

Negar um direito previsto em lei ou não normatizado, mas entendido como existente, é bastante comum. Quando rejeita a desaposentação que, no entender do Poder Judiciário seria um direito (para isso bastando a restituição do recebido), o administrador está negando um direito do aposentado.

Às vezes, em vez de indeferir o direito, ele é limitado, restringido, apequenado e da mesma forma sopesa-se o pressuposto da existência do direito. Impedir que alguém promova uma justificação administrativa antes do preenchimento dos requisitos para a aposentadoria é limitar constitucionalmente a prova de alguma coisa do interesse do aposentando.

Uma pretensão é afetada por decisão da Administração Pública, quando obsta o exercício de um direito. Se a comunicação do indeferimento de um pedido de benefício não explicita a causa jurídica, além de constrangimento ao direito de defesa, ela quer dizer afetação.

Os interesses também podem ser negados, diminuídos ou afetados e nestes casos eles constituem causas para a definição da motivação exigida dos atos administrativos.

Relata o inciso II do art. 50 da LPAF mais três itens a reclamarem atenção do gestor da coisa pública: impor deveres, reclamar encargos ou impor sanções.

Sem apoio na lei, exigir que os percipientes de auxílio-acidente se submetam a exame médico seria um dever impróprio e ilegal. Reclamar que faça prova custosa por sua conta, como um exame documentoscópico, representa a assunção de encargos pesados. Puni-lo pecuniariamente é impor sanções.

Os processos relativos ao concurso público ou à seleção pública têm de observar a regra, pois atendem ao interesse da Administração Pública e da sociedade.

Da mesma forma quando for dispensada a exigência de processo licitatório, quando forem dispensados ou inexigidos (inciso IV).

O contencioso administrativo é um dos aspectos mais importante da Administração Pública. De regra, ele compõe muitos litígios, soluciona questionamentos e resolve pendências. Por isso, o Direito Previdenciário Procedimental relativo a benefícios (CRPS) ou a custeio (CSRF) tem tamanha importância no Direito Administrativo.

Logo, as decisões tomadas quando de recurso que combata decisões dos órgãos controladores devem atender ao art. 50 e os recursos obrigatórios ou espontâneos, entre outros aspectos, precisam ser motivados e fundados, podendo ser invocadas súmulas do CRPS ou do CSRF e súmulas do Poder Judiciário, pareceres particulares e oficiais, doutrina e jurisprudência que ampare a tese defendida.

A revisão de ofício, o exercício do poder de rever os próprios atos, consagrado sumularmente, há muito tempo devem atender aos requisitos do art. 50.

Diz o inciso VII que a Administração Pública deve respeitar a jurisprudência sobre o tema, acompanhar os pareceres exarados, observar os laudos técnicos, as propostas de soluções e os relatórios oficiais. Para se contrapor a esse consenso é preciso fundamentação lógica, técnica e jurídica e cumprimento da regra sob comentário.

Finalmente, toda vez que a Administração Pública anular, revogar, suspender ou convalidar o ato administrativo, ela deve tomar todos esses cuidados ora examinados.

Apoiado na presunção relativa da validade jurídica do ato estatal, o desfazimento desse mesmo ato reclama profundo conhecimento da matéria, interpretação sábia do comando legal, sensibilidade, enfim, toda a atenção possível para não causar prejuízos indevidos ao cidadão.

O § 1º aduz que a motivação tem de ser declarada, explicitada, avultada, ou seja, carece não deixar margem à dúvida e ser pertinente. Caso esteja apoiada em decisão, conclusão ou posição anterior da Administração Pública consistente em pareceres, informações, decisões, propostas, então estas deverão fazer parte da sua decisão.

Quando de decisões semelhantes é permitido o uso de reprodução, sempre que isso não prejudique ninguém.

Caso a motivação estiver centrada em manifestações orais, o seu texto deverá comparecer na forma de ata ou de termo escrito. Votos verbais dos conselhos importantes para a definição farão parte do acórdão decisório.

Capítulo LI
Desistência e Extinção do Processo

> CAPÍTULO XIII — DA DESISTÊNCIA E OUTROS CASOS DE EXTINÇÃO DO PROCESSO
>
> Art. 51. O interessado poderá, mediante manifestação escrita, desistir total ou parcialmente do pedido formulado ou, ainda, renunciar a direitos disponíveis.
>
> § 1º Havendo vários interessados, a desistência ou renúncia atinge somente quem a tenha formulado.
>
> § 2º A desistência ou renúncia do interessado, conforme o caso, não prejudica o prosseguimento do processo, se a Administração considerar que o interesse público assim o exige.

Presente a disponibilidade do direito é dado à pessoa que pediu um bem renunciar a esse bem. Essa é uma faculdade que diz respeito à esfera da subjetividade da pessoa. Quem requer um benefício com 36 anos de contribuição e nota que dois deles não estão sendo reconhecidos pelo INSS, poderá renunciar a esses dois anos e passar a receber o benefício proporcional baseado em 34 anos, ainda que pretenda fazer a prova *a posteriori* dos dois anos duvidosos.

São admitidas duas espécies de desistências: a) parcial e b) total.

Faculdade de pedir

Se alguém tem direito a um bem poderá exercitá-lo ou não; trata-se de um poder que há de ser praticado apenas por quem de direito. Requerer um benefício e destiná-lo a uma instituição de caridade é uma forma de renúncia ao usufruto do direito à prestação que lhe foi segurado.

Aquele que reclama a aplicação da norma mais benéfica está renunciando à menos benéfica.

Faculdade de renunciar

A abstenção é uma faculdade cometida ao titular do direito e a mais ninguém; ela deve ser expressa e motivada, cabendo alguma apuração da capacidade de postular desse titular. Ninguém pode fazê-lo em seu lugar, claro, exceto se devidamente representado.

Pedido expresso

Um pedido dessa natureza tem de ser expresso, por escrito, e não deixar dúvidas quanto à intenção da pessoa. Na oportunidade é importante que ela seja esclarecida totalmente a respeito do seu ato.

Para o INSS, depois de concedida a prestação, se não for recebida, significa desistência, que é presumida, o que não é adequado.

Receber um bem não significa que esteja concordando com ele, a qualquer momento poderá contestá-lo.

Desistência parcial

Tratando-se de um bem decomponível em partes, o seu titular poderá abdicar de alguma de suas partes componentes, desde que o faça expressamente e indicando o alcance da abstenção.

Desistência total

Na desistência total o requerente dispensa todo o bem como ele foi solicitado ou estiver proposto.

Vigência da desistência

Quase sempre o efeito da desistência é momentâneo; não significa que a pessoa não possa mais tarde vir a renovar o pedido. O segurado que não promover a uma simulação da renda mensal e descobre que ela não lhe é conveniente naquele momento, pode desistir do pedido e deixar para solicitar a prestação mais tarde.

Renúncia de direitos disponíveis

Direitos podem se renunciados se eles forem disponíveis. O tempo de serviço ou de contribuição, que está integrado no patrimônio do segurado não pode ser renunciado no sentido de destruído e de jamais poder ser reincorporado.

Ainda que se trate de uma solicitação coletiva, assinada por múltiplos autores, a relação jurídica estabelecida com a Administração Pública é individual, *intuitu personae*. Logo, o alcance da renúncia individual é restrito à pessoa que o solicitou.

Direitos disponíveis

A aplicação do § 2º implica no conhecimento do conceito de direitos disponíveis, que são aqueles que não prejudiquem a cidadania, a dignidade, a honra, o prestígio e, principalmente, a subsistência da pessoa humana. Ninguém pode abster-se do direito à cidadania, não tem o direito de ver ofendida a sua dignidade, agredida sua honra pessoal ou familiar, seu prestígio e, sobretudo, atingida a alimentaridade. Essas pretensões não podem ser trocadas por outras.

Interesse público

Interesse público é uma bandeira de difícil conceituação em cada caso, mas de modo geral descabe à Administração Pública favorecer um indivíduo e prejudicar a sociedade.

Num regime previdenciário de repartição de recursos, nítido mutualismo e absoluta solidariedade, quem recebeu o que não era devido (e que pertence à comunidade) tem de devolver ainda que o valor assuma o caráter alimentar (exceto se por culpa da Administração Pública, que é quem arcará com esse ônus).

Prosseguimento dos autos

O processo prosseguirá diante da abstenção de um indivíduo ou de vários deles, caso a pretensão seja de grande alcance e deva beneficiar a coletividade como um todo.

Capítulo LII
Extinção do Processo

> Art. 52. O órgão competente poderá declarar extinto o processo quando exaurida sua finalidade ou o objeto da decisão se tornar impossível, inútil ou prejudicado por fato superveniente.

Em redação precária, o art. 52 diz quando se dará o fim de um expediente administrativo. Não esgota todas as possibilidades, mas trata das principais modalidades que podem sobrevir.

No comum dos casos um processo tem início, andamento, sobrestamento, suspensão, substituição, apensação e natural extinção.

Rigorosamente, a disposição deveria impor a obrigação procedimental de extinguir o processo nas circunstâncias previstas e não falar em faculdade. Trata-se de ato vinculado, se não há razão de ser, ele deve ser arquivado.

De todo modo, é sempre bom lembrar: um processo tido como extinto em algumas hipóteses poderá ser reaberto e prosseguir caminhando até final solução. Claro, se presentes razões para isso.

A decisão, em si mesma, como diz a LPAF, pode ser aquela propugnada *ab initio* ou ser impossível, inútil ou prejudicada.

Início do processo

O começo de um processo é a atuação do requerimento com os documentos que se fizerem juntar. O dia do protocolo passa a ser a data do início do processo, e terá certa importância prática, sentido lógico ou aspecto jurídico.

No caso de um benefício previdenciário de pagamento continuado a Data de Entrada do Requerimento (DER) é decisiva para o exercício de vários direitos, inclusive para a eventual fixação da Data do Início do Benefício (DIB). A data da ciência da concessão pode ser o momento da contagem do prazo da decadência para revisão de cálculo.

Distribuição dos feitos

Distribuição é o cometimento do dever de apreciar um processo quando de mais de um poder na repartição pública. No caso de conselhos, a destinação a cada uma das câmaras ou conselheiros.

Andamento dos autos

Chama-se de instrução ao período que vai desde após a data do início do processo até a data anterior à da sua decisão. Nesse intervalo de tempo e com a prática de certos atos interlocutórios, se tem um expediente em andamento.

Às vezes, quando da interposição de recurso das decisões, sobrevém uma espécie de nova instrução, oportunidade em que a Administração Pública apreciará as razões da impugnação.

Como adiantado, os autos de um processo são impulsionados inicialmente pelo interessado e posteriormente pela autoridade.

Sobrestamento dos autos

Nos termos da LPAF, se o interessado ingressar com ação tratando da mesma pretensão no Poder Judiciário, de resto na Justiça Federal em face da União, o processo administrativo será sobrestado.

Isto é, ele fica estacionário, como que arquivado, deixa de caminhar, cabendo no máximo o atendimento das últimas solicitações em andamento e futuramente, conforme o caso, poderá ser arquivado porque perdeu a razão de ser.

Nessa condição de sobrestado ele não produz muitos efeitos, é como se não existisse, mas caso a ação judicial, por qualquer motivo, por seu turno deixe de existir ou perca eficácia, o processo administrativo volta a caminhar, não se contando o período de paralisação para a maior parte dos efeitos jurídicos.

Claro que sobrestado não quer dizer arquivado e por isso, se for o caso, podem ser extraídas cópias ou sobrevir vista dos autos.

Suspensão do andamento

Sobrevindo razões determinantes para isso, como a existência de um processo semelhante, ele pode ser suspenso. Em várias hipóteses o Poder Judiciário manda sustar os processos em andamento.

Transferência de autoridade

Por vezes o órgão impulsionador dos autos perde a competência para apreciar a matéria contida no expediente, competência cometida a outro órgão para onde os autos serão encaminhados.

Substituição do procedimento

Um processo pode ser substituído por outro, principalmente se o autor dele faz parte.

Apensação oportuna

Ele também pode ser apensado a outro processo em que seja discutida a mesma matéria. É bastante comum um segurado solicitar que um pedido anterior de benefício, negado ou deferido, em razão das provas ali contidas, seja juntado ao atual processo.

Extinção do processo

Decidido e dele não cabendo qualquer recurso, revisão de ofício ou provocada pela parte, o processo se extingue, tem fim, não cabe mais.

Arquivamento dos autos

Encerrado o seu papel, um despacho formal da autoridade competente determinará o arquivamento dos autos.

Exaustão do processo

O art. 52 diz que uma das causas da extinção do processo é o cumprimento do seu objetivo, com o atendimento da pretensão ou não. Uma vez deferida a prestação previdenciária e sem qualquer pedido de revisão, o processo atendeu à pretensão. Sobrevindo pedido de revisão ele será reencetado até que seja decidido com caráter final e arquivado.

Impossibilidade de atendimento

Existem pedidos descabidos (que não podem ser atendidos) e decisões impossíveis por variados motivos, caso em que, depois do despacho de configuração desse estado jurídico, ele deve ser encerrado.

Inutilidade procedimental

Se o segurado obteve uma tutela jurisdicional, obteve o bem desejado em última e definitiva instância, a decisão administrativa se torna inútil, ainda que a Administração Pública não reconheça a validade da decisão judicial.

Prejuízo da pretensão

Fatos supervenientes põem fim a um processo. Se alguém estava pretendendo provar um tempo de serviço que uma lei posterior julgou desnecessária, se o órgão gestor passou a atender pretensões que antes indeferia, enfim, numa infinidade de casos se a discussão foi prejudicada, o processo deve ser arquivado.

Capítulo LIII
Poder de Revisão da Administração

> CAPÍTULO XIV — DA ANULAÇÃO, REVOGAÇÃO E CONVALIDAÇÃO
>
> **Art. 53.** A Administração deve anular seus próprios atos, quando eivados de vício de legalidade, e pode revogá-los por motivo de conveniência ou oportunidade, respeitados os direitos adquiridos.

Remissão: Súmulas STF ns. 346 e 473
arts. 54/55 da LPAF

O art. 53 chama de anulação um procedimento de correção de atos contrários à lei e de revogação caso essa medida se deva à conveniência ou à oportunidade. Não deveria utilizar-se do vocábulo "revogação", que é próprio da retirada de eficácia de uma norma jurídica. Normas são derrogadas ou revogadas, raramente anuladas.

Os atos jurídicos da Administração são anulados, revistos, modificados, mas nunca revogados. Se houve uma nomeação indevida de servidor, ela deve ser anulada; subsistindo um erro formal que possa ser corrigido, ela deve ser refeita.

Poder de revisão

Evidentemente que essa revisão tem de ser motivada, justificada por escrito quando do procedimento. Geralmente, por contrariar a lei, decorrente de uma interpretação incorreta do texto legal.

Vício de legalidade

Vício de legalidade é bastante amplo e pode dar-se em inúmeras espécies. Basicamente quer dizer o que é contrário à lei, uma locução fácil de ser escrita e difícil de ser realizada na prática.

Conveniência administrativa

O legislador equivocou-se quando escreveu "conveniência administrativa", algo que não existe no sentido que lhe foi atribuído; o que existe é conveniência do interesse público. A conveniência administrativa somente subsiste quando ela objetiva esse interesse. A Administração Pública tem o dever de, nos termos da lei, atender o público com direito e nada mais.

Evidentemente que existem conveniências operacionais da repartição pública, como horário de funcionamento, programações, ordem de atendimento, senha etc., mas jamais submeter o interesse do indivíduo ao seu interesse se a pretensão é justa.

O precatório é um instituto técnico constitucional de interesse da Administração Pública e contrário ao interesse da sociedade.

Em visível exagero da defesa do poder público, alhures chegou a se afirmar que a desaposentação ia de encontro ao interesse da Administração, afinal ela custou para aposentar alguém e agora esse alguém quer desconstituir esse ato administrativo. Se isso tem custo administrativo, que se cobre uma taxa de serviço, mas o governo tem de ficar à disposição do cidadão e não o contrário. Por isso a Carta Magna de 1988 mudou o nome do trabalhador público: de funcionário passou a ser servidor.

Capacidade da autarquia federal

A Súmula STF n. 346 dita: "A Administração Pública pode declarar a nulidade dos seus próprios atos".

Este talvez seja o mais sintético enunciado de súmula dos tribunais superiores. A despeito de sua obviedade, é uma das mais importantes dicções, na medida em que afirma uma realidade jurídica nem sempre bem compreendida.

Com certeza quis dizer os próprios atos e não os atos próprios praticados (por pessoa competente e de acordo com a lei vigente); estes últimos jamais serão revistos, exceto por vontade válida do interessado.

A complexidade do mundo moderno, a infinidade de situações fáticas, disposições jurídicas e outros elementos do dia a dia do aplicador da norma conduzem à enorme possibilidade de ocorrência de equívocos de toda ordem.

Autoridade competente

De regra, a autoridade que praticou o ato a ser desfeito é habilitada para desfazê-lo. Se uma Agência da Previdência Social equivocou-se, ela mesma reverá o engano. Mas, frequentemente, a autoridade imediatamente superior costuma tomar essa providência. Eventualmente, apurando responsabilidades pessoais de quem deu causa ao equívoco.

Ação da anulação

A Súmula ao falar em declarar a anulação, ela está dizendo que a Administração Pública desfruta o poder de anular; não só de declarar. A declaração é apenas o instrumento da desconstituição de algum ato praticado indevidamente.

Não há opção: o dever é vinculado. A oportunidade quer dizer o momento, ou seja, o mais rápido possível. A conveniência não é a do administrador, mas da Administração, tomada essa delegação no sentido de não ser conveniente o erro do Estado; e nada mais do que isso.

Fundamentação legal

Um ato até então entendido como perfeito só será anulado se subsistente, precisa e objetiva justificativa real para isso. Quem anula carece indicar o fundamento de sua decisão com a mesma preocupação, ou maior, daquele que praticou o ato inadequado.

Atos revistos

Abstraindo a decadência e a prescrição, a maioria dos atos padece de revisão, menos aqueles protegidos pelo instituto da coisa julgada e do direito adquirido. Não tem sentido falar em revisão do ato jurídico perfeito, exceto a favor do titular do direito, como é o caso da desaposentação.

Em disposição possivelmente inconstitucional, diz o art. 71 do PCSS: "O Instituto Nacional do Seguro Social — INSS deverá rever os benefícios, inclusive os concedidos por acidente do trabalho, ainda que concedidos judicialmente, para avaliar a persistência, atenuação ou agravamento da incapacidade para o trabalho alegada como causa para a sua concessão. *Parágrafo único*. Será cabível a concessão de liminar nas ações rescisórias e revisional, para suspender a execução do julgado rescindindo ou revisando, em caso de fraude ou erro material comprovado."

Concedido um benefício por incapacidade equivocadamente dentro do prazo legal de dez anos o beneficiário pode ser reexaminado, mas se a conclusão derivar de sentença judicial transitada em julgado e da qual não caiba ação rescisória, o erro será mantido em respeito à segurança jurídica oferecida pelo art. 5º, XXXVI, da Constituição Federal.

Efeitos supervenientes

Se o INSS revê o ato de concessão de um benefício em manutenção há algum tempo, tal decisão causará desdobramentos para o beneficiário. Quando o requerente não deu causa para a anulação e o desfazimento do deferimento deveu-se a erro material ou jurídico praticado pela autarquia, certamente sobrevirão consequências na órbita previdenciária e fora dela (mudanças na vida do segurado, afastamento do trabalho, assunção de compromissos, empréstimos consignados etc.).

Contestação da decisão

Supondo-se que a revisão operada contrarie o direito que julga deter, o interessado, se desejar, opor-se-á à anulação recorrendo dessa decisão.

Prazo revisional

O INSS tem prazo para rever os seus atos concessórios a favor dos beneficiários (PBPS, art. 103-A).

Medidas administrativas

A partir de 1996, o PCSS passou a dispor amplamente sobre o direito do INSS de revisar, criando um programa permanente de revisão da concessão e manutenção dos benefícios (PCSS, art. 69), que, aliás, deveria fazer parte do PBPS.

Dever do órgão gestor

De acordo com o art. 103-A do PBPS, na redação dada pela Lei n. 10.839/2004, constatada irregularidade no ato praticado pelo INSS, ele tem dez anos de prazo para rever o ato. O art. 54 da Lei n. 9.784/1999 fala em cinco anos, mas foi revogado por essa lei de 2004, que é especial e posterior.

No seu texto está implícito que se houve má-fé, que não define, não há prazo para a revisão.

Aptidão adquirida posteriormente

Quando se trata de benefício de pagamento continuado, caso do auxílio-acidente, não há previsão na legislação de revisão da concessão se o trabalhador se recupera por inteiro e, depois do deferimento do benefício, se torna apto.

Súmula STF n. 473

O STF acresceu: "A Administração pode anular seus próprios atos, quando eivados de vícios que os tornam ilegais, porque deles não se originam direitos; ou revogá-los, por motivo de conveniência ou oportunidade, respeitados os direitos adquiridos, e ressalvada, em todos os casos, a apreciação judicial".

Essa súmula, que é dos idos de 1960, implementa os dizeres da linha mestra da Súmula STF n. 346, da década anterior, prestando maiores esclarecimentos sobre o poder de revisão da Administração Pública. As duas, combinadas com a Súmula STF n. 6, asseveram o que se poderia designar de uma obviedade não declarada: os atos regulares, legais e legítimos jamais podem ser revistos.

Dever de revisão

A existência de dispositivos legais e de entendimentos generalizados sobre a capacidade de reexame por parte de quem praticou um ato não consegue empanar a referida reedição das afirmações.

Vinculados à norma legal e sujeitos aos vários princípios de Direito Administrativo, ainda que não existissem os aludidos comandos jurídicos, aos órgãos gestores da previdência social não resta outra solução que não seja o desfazimento de atos praticados.

Tendo em vista o compromisso com a coletividade dos participantes, tal raciocínio vale para o segmento complementar.

Sua ampla divulgação se deve à fortaleza jurídica dos atos internos, sob a presunção de validade, sua importância e efeitos múltiplos, mas principalmente porque o direito tem preocupação centrada na tranquilidade jurídica das relações.

Rigorosamente, diante do pressuposto lógico da reapreciação, o que existe é um poder-dever da Administração Pública: ela pode e deve.

Prestando homenagem à segurança jurídica, exceto no que diz respeito à má-fé (de difícil definição), esse poder é limitado a certo prazo, geralmente fixado em cinco anos. Tanto quanto sucede com as decisões equivocadas que transitaram em julgado, passados esses 60 meses, os erros cometidos pela Administração jazem sepultados pela decadência, contra ou a favor dos interessados.

Anulação dos atos

Os atos ora considerados são os de concessão e manutenção de benefícios previdenciários (sem embargo de se estender aos outros ramos jurídicos). No comum dos casos são referentes ao direito aos benefícios, mas usualmente estão relacionados com os elementos mínimos do direito (tempo de serviço e de contribuição, idade mínima, período de carência, base de cálculo dos proventos e das aposentadorias, valor integrante, salários de contribuição etc.).

Diante da dinamicidade das relações e da enorme quantidade de informações que permeia o Direito Previdenciário é possível que o prazo deva ser considerado exíguo. Como vale para os dois polos da relação, tendo em vista que os processos de conhecimento demoram mais de cinco anos, às vezes um segurado toma ciência do seu direito depois de exaurido o termo legal.

Pressupostos lógicos

A possibilidade de revisão de um ato administrativo dessa natureza se apoia num pressuposto a ser observado em todos os casos: ela somente se opera se estiverem claramente presentes as razões que a justificam, resumida na constatação da ilegalidade do deferimento.

Praticado um ato jurídico perfeito, contra a vontade do cidadão, ele não pode ser revisto em tempo algum.

Revogação de atos

A utilização da expressão "revogação" ainda uma vez causa dúvidas exegéticas. Nesta Súmula está querendo dizer o direito de mudanças, ou seja, respeitado o direito adquirido a Administração pode alterar disposições anteriores. Refere-se mais à legislação do que às decisões administrativas.

Direito adquirido

Como não existe direito adquirido configurado na ausência do próprio direito simples (preenchimento dos requisitos legais), o texto reafirma que somente o bom direito será respeitado.

Apreciação judicial

Por último, reeditando outra obviedade afirma um princípio constitucional: a apreciação do Poder Judiciário. Resta à Justiça Federal dizer se a concessão fora regular, legal e legítima ou não.

Capítulo LIV
Decadência dos Efeitos

Art. 54. O direito da Administração de anular os atos administrativos de que decorram efeitos favoráveis para os destinatários decai em cinco anos, contados da data em que foram praticados, salvo comprovada má-fé.

§ 1º No caso de efeitos patrimoniais contínuos, o prazo de decadência contar-se-á da percepção do primeiro pagamento.

§ 2º Considera-se exercício do direito de anular qualquer medida de autoridade administrativa que importe impugnação à validade do ato.

Remissão: Decreto-lei n. 20.910/1932

Qualquer que seja ele, diante da impropriedade do ato praticado, essa providência tem de ser refeita pela repartição pública. Quando da análise inicial, não importará ao dirigente que a solução seja ou não favorável ao titular do direito. Sobrevindo benefícios aos interessados, que é o caso mais comum, essa revisão terá de observar o que preceitua o art. 54 da LPAF.

Curiosamente o dispositivo fala em direito da Administração Pública; rigorosamente, diante do equívoco consumado, o que existe é um direito subjetivo do interessado. A repartição pública não tem direito, mas obrigação de rever a sua decisão para que se cumpra a lei. É comum o INSS descobrir que se enganou no cálculo da renda mensal de um benefício, revê-la, majorar a mensalidade e pagar os atrasados ao percipiente do benefício.

Realmente, o que se tem é um direito-dever. A administração pode e deve rever os atos contrários à lei. Trata-se de ato vinculado ao qual não pode se subtrair, sob pena de responsabilização do servidor.

Exemplo prático

Na ocasião do pedido de um bem, caso o titular fizesse jus a um bem maior e não foi orientado nem a autoridade concedeu a prestação melhor, subsistiu descumprimento de uma obrigação legal, a ser corrigida imediatamente. O segurado, com a carência completada e a idade mínima para a aposentadoria por idade que pediu o benefício da LOAS, deve ser avisado de que faz jus à primeira prestação.

Anular os atos

A providência administrativa é anular o ato anterior, ou seja, rever o anterior ato praticado e corrigi-lo de plano, consertando o erro (LPAF, art. 53).

Para isso é preciso outro ato, um procedimento formal, e a competente comunicação ao interessado. Providência que não tem sentido se não for mapeada para futuros cuidados a serem tomados.

Efeitos financeiros

No comum dos casos, como dito, principalmente em matéria de benefícios da previdência social, sobrevêm efeitos financeiros, pagamento de atrasados, que deverão ser atendidos.

Decadência do direito-dever

Diz o *caput* do art. 54 que uma vez descoberta a impropriedade e corrigida, somente serão pagos os últimos cinco anos.

Cômputo do prazo

O quinquídio da decadência conta-se da data do deferimento da pretensão.

Carece lembrar que se a providência é de iniciativa do interessado e que tem o nome de pedido de revisão, o prazo de decadência para essa iniciativa é de dez anos (PBPS, art. 103).

No Exame Necessário Cível n. 2009.00037-81.404.7208/SC, de 3.11.2010, quando examinou um pedido de revisão de ex-combatente, o desembargador João Batista Pinto Silveira lembrou que o STJ tinha o entendimento de que "para os benefícios deferidos antes do advento da Lei n. 9.784/1999, o prazo de decadência deve ser contado a partir da data do início da vigência do referido diploma, ou seja, 1º.2.1999" (TRF da 4ª Região, in *Revista Síntese — Trabalhista e Previdenciária* n. 258, dezembro/2010, p. 184).

Má-fé

Não está muito clara a má-fé referida no final do dispositivo, mas tudo faz crer que se trata da má-fé do interessado, ainda que seja difícil imaginar que alguém intente contra o próprio direito.

Consequências da inação

No âmbito da previdência social essa correção tem prazo para ser efetivada.

Ultrapassados os prazos dos dois polos da relação jurídica, não cabe mais a anulação do ato. E alguém perderá com isso.

Em se tratando de benefícios de pagamento continuado o prazo de cinco anos se conta da data do primeiro pagamento e não necessariamente da DIB.

Por último, o art. 54 define a natureza da anulação, consistindo esta numa impugnação do ato praticado. Portanto, não se confunde com o atendimento de um pedido de revisão que segue outros comandos.

Capítulo LV
Convalidação de Atos Sanáveis

> Art. 55. Em decisão na qual se evidencie não acarretarem lesão ao interesse público nem prejuízo a terceiros, os atos que apresentarem defeitos sanáveis poderão ser convalidados pela própria Administração.

O artigo fala em defeitos sanáveis e logo em seguida diz que eles podem ser convalidados, o que não dispensa a Administração Pública do dever de corrigi-los, ainda que tenham sido praticados pelo próprio interessado.

Pressuposto legal

Para que isso suceda é preciso que o titular da pretensão ou interesse público não seja lesionado.

Natureza dos atos

Os atos referidos pelo dispositivo dizem respeito a pretensões deduzidas na Administração Pública, porque estes, de resto, geralmente implicariam em prejuízo às pessoas.

Exemplo prático

Suponha-se que um ato desse tipo seja exercitado por pessoa competente da repartição pública. Trata-se de defeito sanável, bastando a sua reedição e, agora, então, por quem de direito. Se ausente publicidade ao ato de administração, a sua divulgação *a posteriori* deve ser promovida imediatamente.

Ao pretender um bem público, se alguém se esqueceu de tomar providência que possa ser sanável, portanto uma medida que não ponha em dúvida o direito requerido e a correção seja possível ao órgão público, ele tem o direito-dever de providenciá-la.

Terceiras pessoas

O preceito fala em terceiros, o que é bastante difuso; quer dizer as demais pessoas.

Iniciativa da Administração

A própria Administração tem o poder de convalidar tais atos, o que é uma obviedade; ninguém mais poderia fazê-lo exceto o próprio interessado.

Capítulo LVI
Do Recurso e da Revisão

CAPÍTULO XV — DO RECURSO ADMINISTRATIVO E DA REVISÃO

Art. 56. Das decisões administrativas cabe recurso, em face de razões de legalidade e de mérito.

§ 1º O recurso será dirigido à autoridade que proferiu a decisão, a qual, se não a reconsiderar no prazo de cinco dias, o encaminhará à autoridade superior.

§ 2º Salvo exigência legal, a interposição de recurso administrativo independe de caução.

§ 3º Se o recorrente alegar que a decisão administrativa contraria enunciado da súmula vinculante, caberá à autoridade prolatora da decisão impugnada, se não a reconsiderar, explicitar, antes de encaminhar o recurso à autoridade superior, as razões da aplicabilidade ou inaplicabilidade da súmula, conforme o caso. (incluído pela Lei n. 11.417, de 2006)

Remissão: art. 5º, XXXIV e LV da Carta Magna
art. 56 da Lei n. 8.666/1993
art. 32 da Lei n. 10.522/2002
art. 33, § 2º, do Decreto n. 70.235/1972

Decisão administrativa

As decisões administrativas têm, pelo menos, três origens: a) determinação legal (*factum principis*); b) iniciativa própria do órgão público; ou c) provocação dos interessados.

Divulgada, uma resolução chega ao conhecimento dos administrados e começa a produzir efeitos de variada ordem. Às vezes, a norma tem data do início de sua eficácia diferida para determinado prazo adiante.

Essas decisões são múltiplas, mas aqui e agora, em face da LPAF, interessam as que dizem respeito a obrigações de dar, fazer ou não fazer das pessoas ou direitos que elas possam ter, da mesma forma de inúmeras maneiras.

Referente a um indivíduo, ele tem o direito constitucional de contestá-la, não importa que provenham do próprio texto constitucional. Historicamente, o STF já considerou inconstitucionais muitas prescrições constantes da Carta Magna.

Recurso Ordinário

Embora possa ser conhecido como Defesa Prévia, Interposição de Inconformidade, Pedido de Revisão, o certo é que a impugnação da decisão administrativa deve ser designada como Recurso Ordinário.

Exemplificativamente, ele tem previsão na Portaria MPS n. 323/2007 e no Decreto n. 70.235/1972. Outras normas preveem figuras assemelhadas.

Às vezes, são previstas hipóteses simplificadas como é a inconformidade com a decisão do auxílio-doença.

Os recursos constituem o fundamento do Direito Administrativo Procedimental.

Fundamentos da interposição

Como já se viu nos comentários anteriores e nos posteriores, um recurso se compõe de destinatário, histórico dos fatos, juntada de provas, argumentos jurídicos, pedido, data e assinatura.

O art. 54 fala na apresentação de razões legais relativas à admissibilidade e ao mérito da pretensão. No caso do requerente hipossuficiente, especialmente no benefício da LOAS, não é um requisito indispensável a menção à lei.

Devido processo legal

A formalização de um procedimento administrativo reclama ato oficial de sua constituição, designação do agente responsável, abertura e demais aspectos da instauração dos autos. A validade do expediente depende de a ação pública iniciar-se, prosseguir, extinguir-se, quando movida pela autoridade para isso legalmente competente.

O interessado tem de ter conhecimento de todos os fatos, apenas preservando-se a privacidade garantida constitucionalmente. Não existem depoimentos secretos, nem razões de segurança ou de Estado que não possam ter publicidade. Tão somente proteção ao sigilo e à privacidade.

Esse autor tem o direito de acessar todas as informações dos autos que lhe digam respeito, incluindo informações pertinentes a outras pessoas envolvidas na averiguação e que interessem a sua defesa.

Defesa ampla não define como prévia nem comum, é abrangente, a maior possível dentro das circunstâncias, podendo ser escrita e oral, pessoal e representada.

Possibilidade de toda e qualquer afirmação ser confrontada por alegação ou prova em contrário. Não existe *magister dixit e* presunções podem ser guerreadas. O objetivo do processo administrativo é perquirir, em cada caso, a verdade possível. Por isso são admitidas provas novas contundentes a qualquer momento.

O sujeito passivo da ação persecutória pode-se fazer representar por pessoa habilitada.

Todos os meios legítimos de prova são admitidos.

No caso de relacionados, interessados ou envolvidos, há liberdade de consulta ao processo, com direito de vistas e obtenção de cópias de documentos.

O acusado pode arrolar testemunhas a seu favor a serem ouvidas, no número suficiente para a instrução. Quando não falarem a língua pátria, acompanhadas de tradutores, intérpretes e fonoaudiólogos, se surdos, mudos ou pessoas com dificuldade de expressão. É permitida a acareação perante os investigadores.

São válidas de diligências externas, sobrestando-se o andamento até que sejam concluídas, exceto aquelas manifestamente protelatórias.

Em cada caso, se o prazo é pequeno e incapaz de permitir a ampla defesa, os pedidos de ampliação desses termos têm de ser considerados sob pena de anulação.

Independente do que disser a lei, não podem ser feitas exigências que estejam acima da capacidade de cumprimento do acusado.

Em ato de ofício, a Administração Pública reverá todos os atos praticados desde o início da ação administrativa, modificando os procedimentais ultrapassados e até mesmo a decisão final.

Preliminarmente serão considerados os fatos que afetem a validade da apuração, entre os quais: a) tempestividade; b) prescrição da ação; c) ilegitimidade de parte; d) estrito cumprimento do dever; e) litispendência; f) suspeição etc.

Os princípios jurídicos processuais devem ser seguidos, particularmente aqueles que dizem respeito ao Direito Administrativo.

Sempre que for apresentada prova, ambas as partes têm o direito de reexaminá-la e, se for o caso, sobrevir a reabertura do prazo.

O andamento dos autos segue as regras processuais comezinhas, como apensação, anexação, desmembramento, juntada de documentos, arquivamento etc.

A intimação das decisões importantes, interlocutórias ou terminativas será submetida à parte contrária mediante ciência corretamente operada; na dúvida, não houve a citação.

Em virtude de não serem institucionalmente idênticos os polos da relação, todos têm direito ao mesmo tratamento procedimental.

Sem embargo de ser relevante princípio administrativo de interesse da Administração, a rapidez na solução dos questionamentos faz parte do objetivo do procedimento.

A qualquer momento se pode interromper, modificar, afetar e anular atos praticados nos autos (como desentranhar provas obtidas ilegalmente), e ter arquivado o procedimento por decisão do Poder Judiciário.

A Administração Pública não pode escapar do dever de resolver a pendência a ela submetida. No caso de não lograr apurar tecnicamente os fatos e de ter à sua disposição elementos que induzam uma solução justa, ou refaz a apuração ou determina o arquivamento dos autos.

Prazo para a revisão de benefícios

O prazo para a revisão de cálculo da renda mensal dos benefícios do RGPS ou para inclusão de novos períodos de trabalho gera algumas incertezas em termos de aplicação; a decadência e a prescrição não são institutos técnicos distinguíveis e fáceis de serem apreendidos.

Até 11.12.2007 não havia prazo para isso e, contado da Data da Concessão do Benefício (DCB) — e não da Data do Início do Benefício (DIB) nem da Data de Entrada do Requerimento (DER) —, a qualquer tempo o beneficiário podia reclamar os números dos valores da prestação. Evidentemente, era um cenário de *non sense*; o INSS ficaria sem segurança administrativa e, de fato, nem sempre encontraria um processo de concessão de 25 anos atrás...

Com a Lei n. 9.528, de 10.12.1997 (DOU de 11.12.1997) foi criado um primeiro prazo de dez anos, a partir do qual desapareceria esse direito adjetivo de revisão.

Ab initio, duas coisas devem ser destacadas: a) esse prazo foi alterado pela Lei n. 9.711/1998 e b) deveria iniciar-se somente em 11.12.2007 e, não em 11.12.1997.

Quer dizer, somente dez anos depois de publicada a norma jurídica é que ela adquiriria eficácia. Não poderia retroagir. Isso porque, até então, os beneficiários não sabiam que tinham de se comportar dessa ou daquela forma.

Com a Lei n. 9.711, de 20.11.1998 (DOU de 21.11.1998) — portanto quando a Lei n. 9.528/1997 não era eficaz — o prazo foi reduzido para cinco anos (!). Logo, raciocinando da mesma forma, somente adquiriria eficácia em 10.11.2003. Deve-se lembrar que esta norma revogou a anterior, logo não há que se pensar em 2007 na eficácia da Lei n. 9.528/1997...

Com a Lei n. 10.839, de 05.02.2004 — quando estava em vigor a Lei n. 9.711/1998 (!) — foi reintroduzido o prazo de dez anos (da Lei n. 9.528/1997).

Este terceiro prazo deveria entrar em vigor em 05.02.2014 (e isso teria acontecido, se ele tivesse emergido quando não havia prazo, antes de 1997).

Entretanto, comparado com o prazo de cinco anos da Lei n. 9.711/1998, ele se aplica imediatamente porque é uma norma mais benéfica. Nosso Direito Previdenciário tem entendido que as normas que restringem direitos não retroagem.

O raciocínio é complicado mesmo e as pessoas costumam se perder ao encaminhar as ideias diante de tanto vai-e-vem. Portanto, a partir de sua publicação no DOU, a Lei n. 10.839/2004 produz efeitos jurídicos, querendo-se dizer que os beneficiários têm dez anos para reclamar qualquer direito que tenham.

Há outro prazo, de cinco anos, que também costuma causar confusão. Se alguém está aposentado há algum tempo e, dentro do prazo legal (dez anos), requer uma revisão de cálculo com razão, o INSS pagará a diferença a partir da Data de Entrada do Requerimento (DER), e pagará 60 meses antes desse dia. Logo, são dois atrasados: a) os 60 meses e b) o tempo que o processo demandou para ser decidido.

Há também mais um prazo, de cinco anos, do art. 75 da LC n. 109/2001 que vale para a órbita da previdência complementar.

Por último, uma importante distinção. Se alguém tem direito a um benefício e não o solicitou na época própria (quando completou os requisitos legais), mesmo após ter perdido a qualidade de segurado, vindo a pedi-lo, a Data do Início do Benefício (DIB) será a DER. Atrasados, no caso, somente entre a DER e a data em que a prestação foi deferida.

Um recurso deve dirigir-se a quem tomou a decisão combatida, com pedido de encaminhamento à autoridade superior caso não seja atendido. Assim, quem decidiu tem o dever de reapreciar o pedido, agora à luz das razões do recurso e decidir se as acolhe ou não; na segunda hipótese encaminhará os autos a quem de direito.

Comumente a decisão da autoridade superior é mandar que a autoridade inferior reconsidere a sua instrução e, se for o caso, acolha os argumentos que fizerem parte do recurso.

Praticamente não existe mais no processo judicial nem no procedimento administrativo depósito prévio, garantia de instância, arrolamento de bens ou caução.

Muitas hipóteses ainda subsistem, embora limitadas. Como é o caso do art. 56 da Lei n. 8.666/1993 (processo licitatório).

Capítulo LVII
Instâncias Administrativas

Art. 57. O recurso administrativo tramitará no máximo por três instâncias administrativas, salvo disposição legal diversa.

Remissão: Lei n. 11.457/2007
art. 126 do PBPS
art. 39 do PCSS
Portaria MF n. 147/2007
Portaria MF n. 256/2009 (CARF)
Decreto n. 4.942/2003

Copiando as três instâncias do Poder Judiciário Federal, que ascende do juiz federal, passa pelo Tribunal Regional Federal e aporta ao Superior Tribunal de Justiça, o art. 57 da LPAF configura a existência de três níveis administrativos, que chama de instâncias no âmbito dos órgãos públicos.

Portanto, diferentemente da presença do STF na Justiça Federal, os remédios jurídicos previstos nos arts. 6/64 da Portaria MPS n. 323/2007 não constituem o Ministro de Estado em mais uma instância. No passado essas instâncias foram designadas como níveis ou graus.

Quando trata da consulta fiscal, o Decreto n. 70.235/1972 deixa bem claro a existência de três instâncias administrativas (arts. 46/58).

Assim, em termos de benefícios e na esfera da seguridade social, as instâncias são:

Primeira instância — INSS, autarquia federal que decide sobre filiação, inscrição e prestações securitárias, mediante uma APS.

Segunda instância — Junta de Recursos, órgão colegiado regional do MPS que aprecia o Recurso Ordinário impetrado contra a decisão do INSS.

Terceira instância — Câmara de Julgamento do CRPS, instância final sediada em Brasília que aprecia o Recurso Especial das decisões das Juntas de Recursos.

No referente às contribuições, administradas pelo Ministério da Fazenda, as três instâncias são:

Primeira instância — Delegacia da RFB

Segunda instância — Câmaras do Conselho de Contribuintes

Terceira instância — Conselho Superior de Recursos Fiscais

O procedimento administrativo da previdência complementar foi regulado pelo Decreto n. 4.942/2003, que dispõe sobre uma primeira instância que é a lavratura do Auto de Infração (arts. 3º/8º), uma segunda instância que é a defesa à PREVIC (art. 9º) e uma terceira instância constituída pelo CNPC (*Direito Previdenciário Complementar Procedimental*, São Paulo: LTr, 2007).

Capítulo LVIII
Legitimidade Ativa

Art. 58. Têm legitimidade para interpor recurso administrativo:

I – os titulares de direitos e interesses que forem parte no processo;

II – aqueles cujos direitos ou interesses forem indiretamente afetados pela decisão recorrida;

III – as organizações e associações representativas, no tocante a direitos e interesses coletivos;

IV – os cidadãos ou associações, quanto a direitos ou interesses difusos.

Remissão: Lei n. 8.078/1990 (CDC)

Mencionando um rol de quatro categorias de pessoas, três das quais diretamente envolvidas com a decisão e uma afetada indiretamente, o art. 58 da LPAF indica quem pode recorrer. Possivelmente, mas não necessariamente, a mesma pessoa autorizada a ingressar com a solicitação na repartição pública.

O *caput* utiliza-se da expressão "legitimidade", que é muito mais que regularidade ou mais que legalidade; raramente não haverá coincidência com a legalidade, portanto, entenda-se que é legítimo o que está ao lado da lei. Entretanto, em raros casos existirão pessoas que não foram previstas na lei como capazes de recorrer, mas que têm legitimidade para isso.

São quatro circunstâncias, sendo que as três últimas inserem-se no contexto dos direitos coletivos.

Em primeiro lugar (inciso I) o titular do direito pretendido, como antecipado, possivelmente quem pediu o bem jurídico. Ou quem tem interesse na solução. De modo geral, como aqui configurado, os beneficiários da seguridade social e os contribuintes das exações (tributos e contribuições sociais).

O inciso II cuida do terceiro interessado na lide, aquele que foi afetado pela decisão ainda que não a tenha provocado. Uma hipótese poucas vezes considerada é a dos dependentes em relação a um segurado que está pretendendo ver reconhecido algum bem, se refletir no direito desses dependentes.

O segurado que aceita que mascarem o seu salário com gratificações dispensadas de contribuição estará prejudicando a pensão por morte dos seus dependentes.

Um servidor que aceita gratificações criadas pelas prefeituras municipais sem previsão de contribuição são interessados afetados, pois na hora da aposentadoria tais valores serão ignorados.

Quando o INSS aumenta ou reduz o valor da aposentadoria, tal medida pode influir no valor da complementação de um fundo de pensão.

Em se tratando de direitos e interesses coletivos, as entidades representativas têm o poder de comparecer aos autos em termos recursais. São sindicatos, associações etc. São também chamados de transindividuais ou metaindividuais (art. 81 do CDC). Não se confundem com os difusos porque os indivíduos estão envolvidos por um vínculo. Os participantes dos fundos de pensão têm direitos coletivos.

Os direitos difusos constituem inovação constitucional de 1988 e forem regulamentados em várias normas, entre as quais o CDC (Lei n. 8.078/1990). São direitos dos indivíduos socializados dentro de um grupo, classe ou categoria (caso dos médicos). São pessoas que fazem parte de um grupo com direitos comuns e que estão reunidas pela mesma situação de fato; o direito de categoria da aposentadoria especial é um exemplo.

Se um indivíduo tem todos, todos têm. A cidadania é um direito comum a todos os habitantes do País, nacionais ou estrangeiros.

Capítulo LIX
Prazo Recursal

> **Art. 59.** Salvo disposição legal específica, é de dez dias o prazo para interposição de recurso administrativo, contado a partir da ciência ou divulgação oficial da decisão recorrida.
>
> § 1º Quando a lei não fixar prazo diferente, o recurso administrativo deverá ser decidido no prazo máximo de trinta dias, a partir do recebimento dos autos pelo órgão competente.
>
> § 2º O prazo mencionado no parágrafo anterior poderá ser prorrogado por igual período, ante justificativa explícita.
>
> **Remissão:** art. 63, I, da LPAF

O *caput* do art. 59 é praticamente sem utilidade na medida em que disposições legais dispõem de modo variado sobre os inúmeros prazos procedimentais administrativos. Sua validade fica adstrita ao cômputo do prazo em si mesmo.

Ele estabelece uma discussão que é saber da eficácia de um prazo não legal estabelecido em regulamento ou portaria que seja inferior aos dez dias da LPAF.

Prazo é tema importante e deve sediar-se na lei e não em norma infralegal. Se o termo do regulamento ou portaria é superior ao decêndio ele pode ser praticado porque favorável ao cidadão; mas se for inferior este é que deve ser observado.

Data da ciência

O prazo de dez dias ou outro qualquer deve ser aferido a partir da data da ciência da intimação, do conhecimento, seguindo-se o tradicional *dies a quo non computatur in termine.*

Divulgação oficial

Quando não houver comunicação individual, caso do resultado de um concurso público em que as notas são divulgadas, esses dez anos contam-se da divulgação.

Recurso intempestivo

A intempestividade recursal é um contrasenso nos órgãos públicos, pois se tem assentado que o processo administrativo busca a verdade material dos fatos, o que autorizaria a juntada de provas *a posteriori*. Crê-se que razões substanciais e provas inequívocas obriguem a apreciação de um recurso protocolado fora do prazo.

Outra disposição que é praticamente letra morta é a que fixa um prazo de 30 dias para a repartição pública decidir, máxime quando não há sanção para essa inadimplência.

Prorrogação, aparentemente, é apenas uma vez e por isso o § 2º autoriza a dilação do prazo para 60 dias, desde que justificado. Diante da sobrecarga de trabalho essa justificação acaba sendo sempre a mesma: fatal de estrutura material e de servidores.

Capítulo LX
Modalidade de Interposição

> Art. 60. O recurso interpõe-se por meio de requerimento no qual o recorrente deverá expor os fundamentos do pedido de reexame, podendo juntar os documentos que julgar convenientes.

Questão vernacular

No dealbar do processo o pretendente da prestação estatal é um requerente, alguém que está pretendendo algum bem jurídico. Não atendido em sua pretensão e não se conformando com a decisão, passa a ser um recorrente.

Quando a norma designa um primeiro recurso de Defesa Prévia, ele então será um defendente. Mas também é chamado de impetrante (ainda que a expressão tenha mais assento no Poder Judiciário).

Modalidade operacional

A LPAF fala em requerimento, mas o titular não está requerendo, já o fez, o que ele opera é uma inconformidade. O legislador designou como requerimento ao documento, às vezes um simples formulário, aquele que encaminha as razões do recurso.

Documentos juntados

Se for o caso, o requerimento do recurso poderá anexar documentos que sejam de interesse do titular.

Novas demonstrações

À luz da decisão este pode ser o momento da juntada de novas provas ou de reforço das provas existentes.

Exposição dos fundamentos

De regra, as razões do recurso não são exatamente as mesmas que as razões do pedido; elas devem ferir a instrução decisão. Claro que comumente coincidem com as razões do pedido. O certo é combater o raciocínio operado pelo órgão decisor. Por exemplo, uma preliminar como a decadência do direito, a falta de exame das provas etc.

Se não existem novas razões nem provas supervenientes não será motivo para não provimento do recurso, o fato de recorrente repetir as razões anteriores.

Reedição das razões

Não contraria o devido processo legal, não fere os postulados do Direito Administrativo Procedimental reeditar as razões do pedido.

Capítulo LXI
Efeito Suspensivo

> **Art. 61.** Salvo disposição legal em contrário, o recurso não tem efeito suspensivo.
>
> **Parágrafo único.** Havendo justo receio de prejuízo de difícil ou incerta reparação decorrente da execução, a autoridade recorrida ou a imediatamente superior poderá, de ofício ou a pedido, dar efeito suspensivo ao recurso.

Um recurso administrativo produz vários efeitos jurídicos, mas os principais são o devolutivo e o suspensivo.

Uma das consequências da ação inicial ou recursal no Poder Judiciário é tornar inútil o processo administrativo. Às vezes, um recurso administrativo faz sustar o andamento de outro processo administrativo, que dele dependa.

O devolutivo consiste em haver a possibilidade de interposição de inconformidade à autoridade superior. Trata-se de um princípio constitucional bastante respeitado.

O efeito suspensivo referido no artigo seria a possibilidade de sustar-se a ação em andamento. Presente esse efeito, o exame do mérito continua sem que a prestação discutida seja afetada de imediato.

Uma das consequências de uma ação inicial ou ação recursal no Poder Judiciário pode paralisar o processo administrativo. Às vezes, um recurso administrativo susta o andamento de outro processo administrativo, que dele dependa. Quem ingressa com uma inconformidade deve saber se ela produzirá o efeito suspensivo ou não.

Um efeito devolutivo consiste na possibilidade de interposição de inconformidade a autoridade superior àquela que decidiu ou julgou. Trata-se de um princípio constitucional bastante respeitado.

Esse efeito suspensivo referido no artigo é a possibilidade de sustar-se a ação em andamento indesejada pelo titular do recurso. Por exemplo: uma alta médica do INSS.

Presente esse efeito, o exame do mérito continuará sem que a prestação discutida seja afetada de imediato. Quer dizer, no caso do exemplo, o segurado discutiria a alta médica recebendo as mensalidades. Isso é só um exemplo porque esse efeito suspensivo não existe.

Fixada a Data da Cessação do Benefício (DCB), ainda que seja interposto recurso à Junta de Recursos, o INSS cessa o pagamento das mensalidades. Vale dizer, não se suspende a decisão de pagar o benefício.

A regra para o administrador, conforme o artigo, é a inexistência do efeito suspensivo.

O preceito do *caput* é quebrado pela disposição do parágrafo único, segundo o qual em certas e justificadas circunstâncias a autoridade poderá permitir o efeito suspensivo.

As condições são genéricas, de onerosa aplicação em cada caso, e reclamam todo o bom-senso que é exigido dos administradores da coisa pública.

Receio justificado

Existem hipóteses, máxime em Direito Social e que contempla prestações alimentares, em que a suspensão do pagamento de mensalidades dessas prestações pode pôr em risco a subsistência da pessoa humana, principalmente quando se tratar do benefício da LOAS ou da aposentadoria por idade da pessoa com idade provecta.

Reparação incerta

Diante desse cenário pode dar-se de a solução da pendência demorar, sobrevindo prejuízo irreparável para o titular do direito. Nestes casos, será preferível pagar-se mal, indevidamente, do que não pagar.

Autoridade capaz

Quem pode declarar a presença do efeito suspensivo, em caráter excepcional, é a autoridade recorrida ou a autoridade superior. Ficará bem para a Administração Pública, ao recusar a primeira declaração que o seu superior o faça.

Deflagração do efeito

Uma providência dessa natureza tem nascimento com solicitação do próprio interessado nos autos ou provir da Administração Pública.

Promoção do CRPS

No passado, o CRPS reservava-se o direito de se manifestar sobre o efeito suspensivo (art. 47, § 2º, *b*, da Portaria MPS n. 88/2004).

Poder punitivo do Estado

O poder punitivo do Estado se submete a prévia autorização da lei.

Descumprida uma norma administrativa válida, legal e vigente, cabe a sanção. Trata-se de ato vinculado que obriga a Administração Pública, pois a norma ofendida destina-se a proteger o interesse público. O próprio agente, se não punir, por isso sofrerá punição. O sujeito passivo da obrigação descumprida deve compreender a ilicitude infracional.

São quase infinitas as sanções administrativas, geralmente culminadas com multa. O art. 56 o CDC prevê 12 modalidades de sanções, estudadas por Joilson Fernandes Gouveia ("Sanção administrativa desmotivada e sem fundamento legal é arbítrio", *in* Jus Navigandi de abril de 2003).

Requisitos básicos

Os requisitos básicos são:

a) Descumprimento do *due process of law*

b) Acusação formal

c) Princípio da informação

d) Patrocínio por profissional habilitado

e) Igualdade das partes

f) Presunção de inocência

g) Fundamento da decisão administrativa

Capítulo LXII
Intimação dos Interessados

> **Art. 62.** Interposto o recurso, o órgão competente para dele conhecer deverá intimar os demais interessados para que, no prazo de cinco dias úteis, apresentem alegações.

Remissão: art. 59 da LPAF

De regra, o prazo para recorrer da decisão da Administração Pública é de dez dias, embora, como autorizado, em cada caso pode ser outro.

Uma vez protocolado o recurso daquele que pode ser chamado de principal interessado, ou seja, o autor do pedido inicial não acolhido, quando existirem mais interessados, o órgão gestor os intimará para que juntem as suas alegações.

Curiosamente é fixado um prazo menor, de apenas cinco dias, para a interposição desse recurso adesivo.

Note-se que se o prazo do art. 59, como ele excepciona, pode ser outro, constante de norma própria se não subsiste essa possibilidade em relação aos demais interessados.

A intimação a essas pessoas deverá encaminhar cópia do recurso protocolado pelo principal interessado para que os demais terceiros possam tomar conhecimento das razões e das provas adjudicadas aos autos do processo.

Capítulo LXIII
Não Conhecimento do Recurso

Art. 63. O recurso não será conhecido quando interposto:

I – fora do prazo;

II – perante órgão incompetente;

III – por quem não seja legitimado;

IV – após exaurida a esfera administrativa.

§ 1º Na hipótese do inciso II, será indicada ao recorrente a autoridade competente, sendo-lhe devolvido o prazo para recurso.

§ 2º O não conhecimento do recurso não impede a Administração de rever de ofício o ato ilegal, desde que não ocorrida preclusão administrativa.

Remissão: art. 58 da LPAF
art. 29 da Portaria MPS n. 88/2004
art. 33 da Portaria MPS n. 323/2007

O não conhecimento de um recurso significa que, ainda que protocolado o requerimento pelo titular do direito procedimental (que é um direito subjetivo distinto), ele será rejeitado pela Administração Pública em razão de um dos motivos elencados nos quatro incisos.

Mas, é bom lembrar, ainda que conhecido ele pode não ser provido e então por outros motivos de mérito. Evidentemente que o efeito é o mesmo da inexistência do não protocolo da interposição.

Como lembra o § 2º, se a repartição pública tomar conhecimento da validade das razões poderá dar atendimento à pretensão.

O art. 29, § 1º, I/II, da Portaria MPS n. 88/2004 impedia recursos de decisão limitada à alçada das JRPS "que não indiquem, com precisão, a norma tida como infringida".

O art. 32, § 1º, da Portaria MPAS n. 4.414/1998 dizia que não seriam admitidos recursos à CAj: "c) que contrariarem enunciados do CRPS ou ato normativo ministerial".

Enquanto vigeu a Portaria MPAS n. 357/2002 vedou o encaminhamento de "recurso intempestivo ou desprovido de depósito para a garantia de instância" (*caput* do art. 23).

Diz o inciso I que o recurso intempestivo não será conhecido; quer dizer, protocolado, ele não será considerado caso tenha sido admitido pela autoridade fora do prazo estipulado.

A questão é polêmica no Direito Administrativo Procedimental, porque o recorrente que perdeu o prazo pode ter razões em sua pretensão e ele acabará ingressando no Poder Judiciário com a mesma pretensão.

Vale lembrar que sempre é possível alguém protocolar um recurso prévio, protestando pela juntada *a posteriori* de novas provas e novas razões.

Os demais terceiros, se foi interposto tempestivamente o recurso do principal requerente, ainda que tenham perdido o prazo do art. 62, poderão beneficiar-se da decisão tomada em razão do recurso.

Em termos de previdência social, note-se que o CRPS se reserva o direito de apreciar a tempestividade (*caput* do art. 29 da Portaria MPS n. 88/2004).

Diante da negativa de provimento, que é uma decisão da Administração Pública, evidentemente cabe recurso à mesma autoridade, criando-se um incidente procedimental a ser resolvido. Muitas vezes o recorrente alega ciência da decisão mal verificada, contagem equivocada do prazo etc. e tal litígio tem de ser solucionado.

Por qualquer motivo que seja, diante da recusa do protocolo de um recurso, o interessado deve registrar um Boletim de Ocorrência na Delegacia de Polícia para, depois, assegurar o seu direito.

Um protocolo distante da autoridade competente não pode ser reconhecido. Levando em conta a complexidade da Administração Pública e a existência de uma enormidade de postos, agências, delegacias etc., pode dar-se de o titular não saber a quem recorrer (ainda que a decisão deva indicar exatamente o órgão recorrido, seu endereço e claramente o prazo fatal).

Somente o interessado pode ingressar com o recurso. Terceiros, exceto os interessados, não têm permissão para fazê-lo.

Às vezes, sucede de o titular estar impedido de fazê-lo (internação em hospital, estado de saúde, ausência etc.) e nesse caso, comprovado o fato, o tutor, o curador ou a pessoa da família detém esse poder.

A despeito da existência de solicitações excepcionais de reexame das decisões, no contencioso das repartições públicas subsiste uma autoridade superior e uma coisa julgada administrativa, além da qual não é possível recorrer.

Esgotados todos os recursos ou remédios permitidos, os recursos serão indeferidos, restando ao interessado apenas o Poder Judiciário. Segundo o art. 39 do Decreto n. 70.235/1972, não cabe pedido de reconsideração da decisão do Ministro da Fazenda.

Como não poderia deixar de ser, a autoridade incompetente deverá indicar ao interessado qual é a autoridade para a qual deve ser dirigido o protocolo. Neste caso, será reaberto o prazo.

No caso do MF e do MPS em que no mesmo edifício estiverem situados vários órgãos, bastará um simples despacho interno de reencaminhamento do recurso.

Se não existisse o final da oração ("desde que não ocorrida preclusão administrativa") o § 2º seria consagrado como uma medida que se coaduna com o papel da Administração Pública e do contencioso administrativo.

Quer dizer, formalidades recursais à parte, convencida a autoridade do direito do titular, a autoridade pública deverá tomar iniciativa de conceder o bem desejado.

Capítulo LXIV
Opções da Autoridade Julgadora

> **Art. 64.** O órgão competente para decidir o recurso poderá confirmar, modificar, anular ou revogar, total ou parcialmente, a decisão recorrida, se a matéria for de sua competência.
>
> **Parágrafo único.** Se da aplicação do disposto neste artigo puder decorrer gravame à situação do recorrente, este deverá ser cientificado para que formule suas alegações antes da decisão.

Remissão: art. 48 da LPAF

O art. 64 estipula os postulados do duplo grau de jurisdição administrativa, fixando quatro responsabilidades. O legislador esqueceu-se da possibilidade de baixar os autos em diligências.

Obrigação de julgar

O dispositivo silencia sobre a obrigação de decidir, no caso, o dever de julgar o recurso que está implícito no art. 48 da LPAF.

Vale dizer, a autoridade julgadora do recurso administrativo tem a obrigação de decidir a questão definida pela autoridade recorrida, podendo fazê-lo conforme várias hipóteses.

Confirmação da decisão

Conhecido o recurso e examinadas as suas razões e provas (sem prejuízo de perquirir as razões do pedido inicial), a autoridade capaz para apreciar o feito poderá manter a decisão recorrida, dando ciência do fato para o interessado.

Modificação da decisão

Um dos principais poderes do órgão que apreciará o recurso é o de alterar a decisão recorrida.

Alcance da decisão

A decisão favorável a uma das partes em conflito poderá ser parcial ou total.

Anular a decisão

Às vezes, a decisão não entra no mérito substantivo da questão trazida ao órgão público, mas sopesa aspectos adjetivos relativos à admissibilidade do recurso, tempestividade, legitimidade do autor, competência da autoridade recorrida etc.

Neste caso, os autos são baixados à instância inferior para que corrija as impropriedades e se for o caso decida novamente.

Revogação do ato

Revogação não se confunde com anulação. Um ato é anulado quando portador de um vício insanável. Revogação é uma decisão da repartição pública que julga não mais ser conveniente o ato administrativo antes praticado, cessando os seus efeitos a partir da revogação.

Matéria de sua competência

À vista do início da oração, que fala em "órgão competente", a competência referida no seu final somente pode ser da autoridade recorrida.

Reformatio in pejus

O parágrafo único trata da *reformatio in pejus* no âmbito do processo. Significa que a decisão da Administração Pública tenha diminuído um direito que ele pretendia aumentar. Antes de reformar a decisão o interessado terá de ser cientificado da figura decisão. Com as suas novas alegações talvez não sobrevenha a decisão diminuidora do seu bem jurídico.

Exemplificativamente, pode ocorrer de um segurado solicitar revisão de cálculo para melhorar o valor da renda mensal e descobrir que havia uma falha insuspeitada pela instrução de concessão e em vez de aumentar a mensalidade diminui.

Rigorosamente, ainda que a questão seja polêmica, um recurso à Câmara do Conselho de Contribuintes pode resultar em majoração dos valores da Notificação Fiscal ou do montante da multa.

Isso somente seria possível se os atos fossem refeitos e reabertos os prazos para a inconformidade.

Alegações antes de decisão

Diante da possibilidade, o autor tem o direito de apresentar novas razões tentando impedir o prejuízo que se avizinha.

Desistência do direito

Uma possibilidade de correção é a desistência de toda a solicitação.

Capítulo LXV
Violação de Enunciado

Art. 64-A. Se o recorrente alegar violação de enunciado da súmula vinculante, o órgão competente para decidir o recurso explicitará as razões da aplicabilidade ou inaplicabilidade da súmula, conforme o caso (incluído pela Lei n. 11.417, de 2006).

Remissão: Lei n. 11.4176/2006
    Art. 56, § 3º, da LPAF

As súmulas vinculantes são criações recentes da legislação e algumas delas dizem respeito ao Direito Previdenciário, como é o caso da Súmula Vinculante STF n. 8 (decadência e prescrição da contribuição securitária).

Diferentemente das outras súmulas baixadas pelos órgãos da Justiça Federal, como o seu título diz, a súmula vinculante é obrigatória para a Administração Pública e não pode ser descumprida.

Uma vez alegada essa impropriedade, deveria rever a sua decisão ou explicitar o que a leva ao não cumprimento do que ali se determina.

Capítulo LXVI
Violação Acolhida

Art. 64-B. Acolhida pelo Supremo Tribunal Federal a reclamação fundada em violação de enunciado da súmula vinculante, dar-se-á ciência à autoridade prolatora e ao órgão competente para o julgamento do recurso, que deverão adequar as futuras decisões administrativas em casos semelhantes, sob pena de responsabilização pessoal nas esferas cível, administrativa e penal. (Incluído pela Lei n. 11.417, de 2006).

Remissão: Lei n. 11.417/06
        art. 56, § 3º e 64-A da LPAF

Em sequência ao disposto no artigo anterior, a LPAF cuida dos efeitos das súmulas vinculantes no Direito.

Assevera o preceito o dever do administrador de dar cumprimento a essas determinações superiores.

Capítulo LXVII
Sanções Administrativas

> **Art. 65.** Os processos administrativos de que resultem sanções poderão ser revistos, a qualquer tempo, a pedido ou de ofício, quando surgirem fatos novos ou circunstâncias relevantes suscetíveis de justificar a inadequação da sanção aplicada.
>
> **Parágrafo único.** Da revisão do processo não poderá resultar o agravamento da sanção.

Sanções administrativas, no comum dos casos, são as multas pecuniárias, embora possam subsistir outras, como é o caso da distribuição de lucros e a multa que daí advém (PCSS, art. 52).

Se o contribuinte deixou de emitir a GFIP impede a concessão da CND (PCSS, art. 32, § 10).

A revisão é deflagrada por iniciativa da Administração Pública ou por solicitação do interessado.

Adotando o mesmo critério do Direito Penal, se uma sanção deixa de existir, nada impede que a repartição pública as cancele. Um fato novo é, por exemplo, a apresentação de um documento existente extraviado que fora solicitado e não exibido oportunamente, reencontrado e agora exibido à Administração Pública.

Por ocasião do exame da oportunidade a autoridade competente considerará a possibilidade de restituir o valor de uma multa recolhida que agora foi perdoada.

Ainda uma vez cuida-se do *reformatio in pejus*. Se dessa revisão resultar ônus maior, ele não terá aplicação.

Capítulo LXVIII
Contagem dos Prazos

CAPÍTULO XVI — DOS PRAZOS

Art. 66. Os prazos começam a correr a partir da data da cientificação oficial, excluindo-se da contagem o dia do começo e incluindo-se o do vencimento.

§ 1º Considera-se prorrogado o prazo até o primeiro dia útil seguinte se o vencimento cair em dia em que não houver expediente ou este for encerrado antes da hora normal.

§ 2º Os prazos expressos em dias contam-se de modo contínuo.

§ 3º Os prazos fixados em meses ou anos contam-se de data a data. Se no mês do vencimento não houver o dia equivalente àquele do início do prazo, tem-se como termo o último dia do mês.

Remissão: arts. 66/67 da Lei n. 9.784/1999
   art. 69, § 1º, do PBPS
   arts. 5º/6º do Decreto n. 70.235/1972
   arts. 28/30 do Decreto n. 4.942/2003
   art. 45 da Portaria MPS n. 88/2004
   art. 26 da Portaria MPS n. 323/2007

O *caput* do art. 66 configura a definição dos prazos a serem observados pelos dois polos da relação jurídica.

Data do início do prazo

O dia em que o interessado toma conhecimento da intimação e passa recibo é o que pode ser considerado o primeiro dia do prazo.

Exclusão do dia da cientificação

O dia da cientificação é excluído. Assim, se observado o prazo de dez dias do art. 59 da LPAF e alguém toma conhecimento no dia 7 de março de 2011, os dez dias serão contados a partir do dia 8 e irão até o dia 17 do mesmo mês de março de 2011.

A lei, ao excluir esse primeiro dia, não considera a hora em que a citação se deu e da mesma forma manda aceitar um requerimento até o final do expediente do último dia.

Inclusão do último dia

O último dia do prazo, no caso do exemplo dia 17 de março de 2011, esgota-se o prazo. Um protocolo efetuado no dia 18 de março será tido como intempestivo.

Principais prazos

Embora a LPAF fale em dez dias, os principais prazos do contencioso administrativo são de 30 dias.

O prazo fatal é prorrogado para o primeiro dia útil se ele coincidir com um sábado, domingo, feriado nacional ou local ou em dia que, por qualquer motivo, o expediente for reduzido (caso das partidas de futebol da Copa do Mundo).

Prazos diários não levam em conta o fim de semana compreendido. Um prazo de dez dias que comece numa sexta-feira poderá ser reduzido em quatro dias, porque absorverá dois fins de semana.

Os prazos contados em meses, caso dos períodos de manutenção da qualidade de segurado, serão contados de data a data, repetindo-se os dias dos meses. Por exemplo, de 30 de março a 30 de abril, não importando se março tem 31 dias e abril apenas 30.

Se o prazo cai num ano que não seja bissexto e não tenha o dia 29 de fevereiro, ele vencerá no dia 28 de fevereiro.

Capítulo LXIX
Suspensão de Prazos

> **Art. 67.** Salvo motivo de força maior devidamente comprovado, os prazos processuais não se suspendem.

O art. 67 é muito claro afirmando que os prazos são peremptórios, mas a experiência ensina que existem fatos estranhos à vontade humana ou previsão legal que podem suspendê-los.

É uma pena que a norma não tenha aproveitado a oportunidade para reger o cálculo dos períodos anterior e posterior à ocorrência que alterou a contagem.

A regra parece ser a da divisão desse período. Assim, no prazo de 30 dias iniciados no dia primeiro do mês, depois descumpridos 12 dias, sobrevindo uma causa suspensiva que perdure por três dias, a recontagem do prazo se fará a partir do dia 16 e somente depois de 18 dias é que ele vencerá (12 + 18 = 30).

A única dúvida que a norma suscita é a avaliação do que seja força maior. Trata-se de um acontecimento previsível ou geralmente imprevisível que torne impossível a ação humana (inundação generalizada, tsunami de fortes proporções, incêndio de grandes extensões, nevasca, vendaval avassalador, greve nos transportes, sequestro do interessado, prisão inesperada etc.)

Capítulo LXX
Sanções Administrativas

CAPÍTULO XVII — DAS SANÇÕES

Art. 68. As sanções, a serem aplicadas por autoridade competente, terão natureza pecuniária ou consistirão em obrigação de fazer ou de não fazer, assegurado sempre o direito de defesa.

Sanções administrativas

Em razão da necessidade da ordem na sociedade e em virtude do procedimento dos homens, os cidadãos delegaram ao Estado um poder extraordinário de tentar diminuir a desordem, mediante a aplicação de penas sancionadoras. Para que esse poder não fosse absoluto, e já foi no passado, o governo, na condição de instrumento do Estado, tem as suas próprias limitações. Ele somente opera em consonância com comandos previamente estabelecidos por representantes escolhidos pelos homens; quer dizer, o administrador tem de perfilhar a lei.

Descumprida uma norma administrativa válida, legal e vigente, cabe uma sanção administrativa. Trata-se de ato vinculado que obriga a Administração Pública, pois a norma ofendida destina-se em princípio a proteger o interesse público. O próprio agente, se não punir quando deve fazê-lo, por isso sofrerá uma punição.

O sujeito passivo do descumprimento deve poder compreender a ilicitude infracional e aqui se tem outro questionamento, a validade do conhecimento da lei.

São quase infinitas as normas administrativas que dispõem sobre o comportamento humano e, por conseguinte, são quase ilimitadas as sanções que são impostas, na maioria dos casos, configuradas como multas.

Evidentemente que a multa pecuniária não é a melhor forma de penalização, mas este não é sítio ideal para essa discussão. O CDC prevê 12 modalidades de sanções em seu art. 56.

Motivação e fundamentação

Joilson Fernandes de Gouveia destaca que é absoluta a necessidade da motivação e fundamentação legal da punição ("Sanção administrativa desmotivada e sem fundamento legal é arbítrio", *in Jus Navigandi*, colhido em abril de 2003).

Com efeito, algumas regras mínimas devem cumprir em especial o *due process of law:*

a) Conhecimento dos fatos — Uma perfeita informação ao interessado da infração.

b) Acusação — Formalização da acusação com todos os seus requisitos.

c) Ampla defesa — Presença de defensor devidamente habilitado para a defesa.

d) Igualdade das partes — Meios, provas e prazos são iguais para as duas partes.

e) Isenção do impulsionador — Total isenção do expediente administrativo.

f) Presunção de inocência — Obriga a Administração Pública a fazer a prova do alegado.

g) Fundamento de decisão — Capitulação legal da infração.

Capítulo LXXI
Processos Específicos

CAPÍTULO XVIII — DAS DISPOSIÇÕES FINAIS
Art. 69. Os processos administrativos específicos continuarão a reger-se por lei própria, aplicando-se-lhes apenas subsidiariamente os preceitos desta Lei.

Não explicitando quais são esses processos específicos, porque eles certamente são muitos, fica claro que permanecerão regulamentados por leis específicas que os criaram.

Discutivelmente, a LPAF, que é uma lei, renuncia ao seu poder em relação às regras estabelecidas em decretos regulamentares, portarias ministeriais e até mesmo instruções normativas que criam estrutura própria para os referidos processos. O inverso é que deveria ocorrer: submissão desses precedentes específicos à Lei n. 9.784/1999, mas para isso ela deveria ser mais geral. Capítulos específicos seriam partes importantes: a) contencioso administrativo fiscal e b) contencioso administrativo de benefícios e contatos das relações entre os servidores.

A aplicação subsidiária é discutível, até porque somente outra lei poderia revogar a Lei n. 9.784/1999. Não há como não atender a LPAF se ela dispuser contrariamente a esses regramentos específicos.

Capítulo LXXII
Prioridades e Preferências

Art. 69-A. Terão prioridade na tramitação, em qualquer órgão ou instância, os procedimentos administrativos em que figure como parte ou interessado: (incluído pela Lei n. 12.008/2009)

I – pessoa com idade igual ou superior a 60 (sessenta) anos; (incluído pela Lei n. 12.008/2009)

II – pessoa portadora de deficiência, física ou mental; (incluído pela Lei n. 12.008/2009)

III – VETADO; (incluído pela Lei n. 12.008/2009)

IV – pessoa portadora de tuberculose ativa, esclerose múltipla, neoplasia maligna, hanseníase, paralisia irreversível e incapacitante, cardiopatia grave, doença de Parkinson, espondiloartrose anquilosante, nefropatia grave, hepatopatia grave, estados avançados da doença de Paget (osteíte deformante), contaminação por radiação, síndrome da imunodeficiência adquirida, ou outra doença grave, com base em conclusão da medicina especializada, mesmo que a doença tenha sido contraída após o início do processo. (incluído pela Lei n. 12.008/2009)

§ 1º A pessoa interessada na obtenção do benefício, juntando prova de sua condição, deverá requerê-lo à autoridade administrativa competente, que determinará as providências a serem cumpridas. (Incluído pela Lei n. 12.008/2009)

§ 2º Deferida a prioridade, os autos receberão identificação própria que evidencie o regime de tramitação prioritária. (Incluído pela Lei n. 12.008/2009)

§ 3º VETADO (incluído pela Lei n. 12.008/2009)

§ 4º VETADO (incluído pela Lei n. 12.008/2009)

Remissão: Lei n. 7.853/1989 (Lei dos Deficientes)
Lei n. 10.741/2003 (Estatuto dos Idosos)
Lei n. 12.008/2009
art. 151 do PBPS

Conceito de prioridade

Prioridade é atendimento especial, uma forma de preferência em relação a outras pessoas, justificada essa preferência por motivo de idade, condição física, gravidez etc.

Campo de atuação

A norma comentada diz respeito à Administração Pública, incluindo procedimentos contenciosos ou não.

Prioridade na Administração Pública

A prioridade avultada se estende a todos os meandros dos órgãos públicos federais sem qualquer exceção.

Conceito de parte

Diante da indefinição legal, parte é o principal autor, aquele que protocolou o pedido da prestação estatal.

Conceito de interessado

Interessado é quem se beneficiará da decisão tomada nos autos do processo intentado pelo autor.

O legislador elege o sexagenário como o merecedor da distinção e os que têm mais de 69 anos de idade e assim por diante.

Vale lembrar, como sucede na aposentadoria por idade, que os requerentes desse benefício, à exceção das trabalhadoras rurais, são sempre sexagenários, setuagenários, octogenários etc.

Havendo mais do que em consideração, o mais velho tem preferência sobre o menos velho.

Por força da Lei n. 7.853/1989 os portadores de deficiência gozam de inúmeras prioridades (*Os Deficientes no Direito Previdenciário*, São Paulo: LTr, 2009).

As mesmas pessoas elencadas no art. 151 do PBPS, que estão dispensadas da obrigação de cumprir o período de carência para efeito de benefícios por incapacidade, gozam dessas prioridades nos atendimentos da Administração Pública.

Capítulo LXXIII
Vigência da LPAF

Art. 70. Esta Lei entra em vigor na data de sua publicação.

Brasília, 29 de janeiro de 1999; 178º da Independência e 111º da República

FERNANDO HENRIQUE CARDOSO

Renan Calheiros

Paulo Paiva

A Lei n. 9.784 foi publicada no DOU de 1º.2.1999 e então entrou em vigor. Não tinha qualquer dispositivo com eficácia posterior e todos eles entraram em vigor nessa data.

O legislador não se utilizou de uma prática costumeira que é dizer que ficam revogadas as disposições em contrário, no que fez muito bem.

Obras do Autor

O empresário e a previdência social. São Paulo: LTr, 1978.
Rubricas integrantes e não integrantes do salário-de-contribuição. São Paulo: LTr, 1978.
Benefícios previdenciários do trabalhador rural. São Paulo: LTr, 1984.
O contribuinte em dobro e a previdência social. São Paulo: LTr, 1984.
O trabalhador rural e a previdência social. 2. ed. São Paulo: LTr, 1985.
Legislação da previdência social rural. 2. ed. São Paulo: LTr, 1986.
O salário-base na previdência social. São Paulo: LTr, 1986.
Legislação da previdência social. 5. ed. São Paulo: LTr, 1988.
A seguridade social na Constituição Federal. 2. ed. São Paulo: LTr, 1992.
O salário-de-contribuição na Lei Básica da Previdência Social. São Paulo: LTr, 1993.
Legislação da seguridade social. 7. ed. São Paulo: LTr, 1996.
Obrigações previdenciárias na construção civil. São Paulo: LTr, 1996.
Primeiras lições de previdência complementar. São Paulo: LTr, 1996.
Propostas de mudanças na seguridade social. São Paulo: LTr, 1996.
Direito dos idosos. São Paulo: LTr, 1997.
Novas contribuições na seguridade social. São Paulo: LTr, 1997.
Curso de Direito Previdenciário. São Paulo: LTr, 1998. Tomo III.
O salário-base dos contribuintes individuais. São Paulo: LTr, 1999.
Reforma da previdência social. São Paulo: LTr, 1999.
Estatuto dos Servidores Públicos Civis da União. 2. ed. São Paulo: LTr, 2000.
Fator Previdenciário em 420 perguntas e respostas. 2. ed. São Paulo: LTr, 2001.
Pareceres selecionados de previdência complementar. São Paulo: LTr, 2001.
Curso de direito previdenciário. Tomo IV, 2. ed. São Paulo: LTr, 2002.
Prova de tempo de serviço. 3. ed. São Paulo: LTr, 2002.
Seguro-desemprego em 620 perguntas e respostas. 3. ed. São Paulo: LTr, 2002.
Comentários à Lei Básica da Previdência Complementar. São Paulo: LTr, 2003.
Curso de direito previdenciário. Tomo II, 2. ed. São Paulo: LTr, 2003.
Parecer jurídico: como solicitá-lo e elaborá-lo. São Paulo: LTr, 2003.
PPP na aposentadoria especial. 2. ed. São Paulo: LTr, 2003.

Retenção previdenciária do contribuinte individual. São Paulo: LTr, 2003.
Reforma da previdência dos servidores. São Paulo: LTr, 2004.
Comentários ao Estatuto do Idoso. 2. ed. São Paulo: LTr, 2005.
Curso de direito previdenciário. Tomo I, 3. ed. São Paulo: LTr, 2005.
Lei Básica da Previdência Social. 7. ed. São Paulo: LTr, 2005.
Portabilidade na previdência complementar. 2. ed. São Paulo: LTr, 2005.
Previdência social para principiantes — cartilha. São Paulo: LTr, 2005.
Auxílio-acidente. São Paulo: LTr, 2006.
Legislação previdenciária procedimental. São Paulo: LTr, 2006.
Manual prático do segurado facultativo. São Paulo: LTr, 2006.
A prova no direito previdenciário. São Paulo: LTr, 2007.
Aposentadoria especial em 920 perguntas e respostas. 5. ed. São Paulo: LTr, 2007.
Curso de direito previdenciário. Tomo III, 2. ed. São Paulo: LTr, 2007.
Direito previdenciário procedimental. São Paulo: LTr, 2007.
Os crimes previdenciários no Código Penal. 2. ed. São Paulo: LTr, 2007.
Previdência social para principiantes — Cartilha. 2. ed. São Paulo: LTr, 2007.
Retirada de patrocinadora. São Paulo: LTr, 2007.
Prova e contraprova do nexo epidemiológico. São Paulo: LTr, 2008.
Subsídio para um modelo de previdência social para o Brasil. São Paulo: LTr, 2008.
A união homoafetiva no direito previdenciário. São Paulo: LTr, 2008.
Dano moral no direito previdenciário. 2. ed. São Paulo: LTr, 2009.
Comentários à Lei Básica da Previdência Social. Tomo II, 8. ed. São Paulo: LTr, 2009.
Comentários ao regulamento básico da OAB Prev. São Paulo: LTr, 2009.
Curso de direito previdenciário. Tomo IV, 3. ed. São Paulo: LTr, 2009.
Estágio profissional em 1420 perguntas e respostas. São Paulo: LTr, 2009.
Os deficientes no direito previdenciário. São Paulo: LTr, 2009.
Prova e contraprova do nexo epidemiológico. 2. ed. São Paulo: LTr, 2009.
Direito adquirido na previdência social. 3. ed. São Paulo: LTr, 2010.
Obrigações previdenciárias do contribuinte individual. 2 ed. São Paulo: LTr, 2010.
Curso de direito previdenciário. 3. ed. São Paulo: LTr, 2010.
Aposentadoria Especial. 5. ed. São Paulo, LTr, 2010.
Direito Elementar dos Presos. São Paulo: LTr, 2010.
Obrigações Previdenciárias do Contribuinte Individual. 2. ed São Paulo: LTr, 2010.

Comentários às Súmulas Previdenciárias. São Paulo: LTr, 2011.

Princípios de Direito Previdenciário. 5. ed. São Paulo: LTr, 2011.

Desaposentação. 4. ed. São Paulo: LTr, 2011.

Aposentadoria especial do servidor. São Paulo: LTr, 2011.

Em coautoria:

Temas — Administrativo Social. 1988.

Contribuições sociais — Questões polêmicas. Dialética, 1995.

Noções atuais de direito do trabalho. São Paulo: LTr, 1995.

Contribuições sociais — Questões atuais. Dialética, 1996.

Manual dos direitos do trabalhador. 3. ed. Editora do Autor, 1996.

Legislação da previdência social. Rede Brasil, 1997.

Processo Administrativo Fiscal. 2. v. Dialética, 1997.

Dez anos de contribuição. Editora Celso Bastos, 1998.

Estudos ao direito. Homenagem a Washington Luiz da Trindade. São Paulo: LTr, 1998.

Introdução ao direito previdenciário. LTr-ANPREV, 1998.

Perspectivas atuais do direito, 1998.

Processo administrativo fiscal. 3. v., 1998.

Temas administrativo social. 1988.

Temas atuais de previdência social — Homenagem a Celso Barroso Leite. São Paulo: LTr, 1998.

Contribuição previdenciária. Dialética, 1999.

A previdência social hoje. LTr, 2005.

Temas atuais de direito do trabalho e direito previdenciário rural — Homenagem a Antenor Pelegrino. São Paulo: LTr, 2006.

Não jurídicos:

O tesouro da Ilha Jacaré. São Paulo: Editora CEJA, 2001.

Manual do Pseudo Intelectual. São Paulo: Editora Apanova, 2002.

Contando com o vento. São Paulo: Editora Apanova, 2003.

Estórias do Zé Novaes. São Paulo, edição do autor, 2008.